EL PODER
DE LA
CONCIENCIA

Transforma Tu Realidad Desde El Poder De Tu Ser Interior

Colección Deluxe

Por
Neville Goddard
Imaginatio Divina Media

Publicado en 2024 por Imaginatio Divina Media.

Sitio web: www.imaginatiodivinamedia.com

EL PODER DE LA CONCIENCIA.
Copyright © 2024 Imaginatio Divina Media. Todos los derechos reservados.

Ninguna parte de este libro puede ser utilizada, reproducida o transmitida en ninguna forma (electrónica, fotocopia, grabación u otra) sin el permiso previo por escrito del autor, excepto en el caso de citas breves utilizadas en artículos críticos y reseñas. No se asume ninguna responsabilidad por el uso de la información contenida en este libro. Aunque se ha hecho todo lo posible para garantizar la precisión, el autor y el editor no asumen ninguna responsabilidad por errores u omisiones. Además, no se asume ninguna responsabilidad por los daños resultantes del uso de la información proporcionada en este libro.

ISBN: 979-8-3305-1402-1

Contenido

RESUMEN
DE *EL PODER DE LA CONCIENCIA*:

Presenta un tema central en torno al concepto de imaginación como clave de la manifestación y la creación de la realidad. La filosofía de Goddard está profundamente arraigada en la creencia de que la conciencia da forma a nuestras experiencias, y alterando nuestra conciencia o autoconcepción, podemos manifestar nuestros resultados deseados.

Las Ideas Clave Incluyen:

1. La imaginación como fundamento de la realidad: Goddard subraya que el poder creativo de la mente es ilimitado. Enseña que al imaginarnos que somos la persona en la que deseamos convertirnos o que poseemos lo que deseamos, esencialmente plantamos las semillas para que esas realidades lleguen a existir.

2. "YO SOY" como el Poder de la Creación: La frase "YO SOY" es central en sus enseñanzas. Goddard la interpreta como el nombre de Dios dentro de cada individuo, lo que significa que todo lo que atribuimos a "YO SOY" se convierte en nuestra realidad. Él conecta esto con las escrituras bíblicas, donde "YO SOY" representa la esencia del ser, y al declarar "YO SOY" algo, traemos ese estado a la existencia.

3. Conciencia y manifestación: Goddard sostiene que nuestro estado de conciencia es la única realidad. Al alinear nuestro estado interior de creencia e imaginación con el resultado deseado, las circunstancias externas reflejarán naturalmente este cambio. Esta creencia se ilustra con su afirmación de que "la conciencia del hombre es Dios".

4. Fe en uno mismo: El libro subraya que la fe en Dios es sinónimo de fe en uno mismo. La interpretación de Goddard sugiere que realizar nuestra divinidad interior a través de la imaginación y la creencia es el camino para cumplir cualquier objetivo deseado.

Tu fe es tu fortuna defiende que la imaginación, alineada con la creencia y la fe en la propia conciencia, es el medio para dar forma a la realidad y manifestar los deseos personales. Las ideas de Goddard se basan en la noción de que los individuos poseen un poder divino inherente para crear su realidad mediante el uso de la mente y la imaginación.

CONTEXTO MODERNO
DE *EL PODER DE LA CONCIENCIA*:

Los principios de Neville Goddard pueden conectarse con temas contemporáneos como la neurociencia del pensamiento positivo, la atención plena y la ley de la atracción, proporcionando una base científica y práctica para los lectores que buscan comprender sus enseñanzas espirituales a través de una lente actual.

1. La neurociencia del pensamiento positivo: El énfasis de Goddard en la imaginación y la creencia que dan forma a la realidad se alinea estrechamente con la investigación moderna en neurociencia. Los estudios sobre neuroplasticidad demuestran que nuestros cerebros pueden reconfigurarse basándose en pensamientos y comportamientos repetitivos. El pensamiento positivo y la visualización, afines a las enseñanzas de Goddard, activan ciertas vías neuronales, reforzando comportamientos y actitudes que se alinean con esos pensamientos. Esto es similar a la idea de Goddard de que lo que te imaginas ser, eventualmente te convertirás, ya que el cerebro se adapta y manifiesta las imágenes mantenidas dentro de la mente.

2. Atención plena: La práctica de la atención plena, que implica estar plenamente presente y consciente en el momento, se hace eco de las enseñanzas de Goddard sobre la conciencia. La atención plena anima a las personas a centrarse en sus estados internos y a cultivar la autoconciencia, de forma muy parecida al llamamiento de Goddard a reconocer el "YO SOY" divino dentro de uno mismo. Ambas sugieren que, al centrarse deliberadamente en el estado del ser deseado, las personas pueden influir en su realidad externa. Este enfoque ayuda a los lectores modernos a encontrar una aplicación práctica para las filosofías de Goddard al permanecer anclados en el momento presente mientras moldean conscientemente sus creencias internas.

3. Ley de la atracción: La obra de Goddard es uno de los fundamentos de lo que hoy se conoce como ley de la atracción, un concepto que ha ganado gran popularidad. La idea de que "lo semejante atrae a lo semejante" -que la energía que emites al universo volverá a ti- refleja el principio de Goddard de que lo que creemos y sentimos como verdadero en nuestra conciencia se manifestará en nuestro mundo exterior. La interpretación moderna de la ley de la atracción anima a las personas a visualizar sus deseos y a mantener una energía positiva para hacerlos realidad, en paralelo directo con las ideas de Goddard sobre la fe y la imaginación.

Las enseñanzas de Goddard siguen siendo relevantes y conectan con las prácticas modernas de la neurociencia, la atención plena y la ley de la atracción, ofreciendo caminos tanto espirituales como prácticos para las personas que buscan cambiar sus vidas.

EL PODER DE LA CONCIENCIA

Por Neville Goddard
(1952)

Este libro es para revelar su poder infinito,
contra el cual ninguna fuerza terrenal tiene
la menor importancia. Es para mostrarte quién
eres, tu propósito y tu destino.

CAPÍTULO UNO
YO SOY

"Todas las cosas cuando son admitidas son
se manifiestan por la luz: porque todo
lo que se manifiesta es luz".

EPH. 5:13

La "luz" es la conciencia. La conciencia es una, manifestándose en legiones de formas o niveles de conciencia. No hay ninguna que no sea todo lo que es, pues la conciencia, aunque se expresa en una serie infinita de niveles, no es divisoria. No hay separación real o brecha en la conciencia. YO SOY" no puede dividirse. Puedo concebirme como un hombre rico, un hombre pobre, un mendigo o un ladrón, pero el centro de mi ser sigue siendo el mismo independientemente del concepto que tenga de mí mismo. En el centro de la manifestación sólo hay un "YO SOY" que se manifiesta en legiones de formas o conceptos de sí mismo y "yo soy el que soy".

YO SOY" es la autodefinición de lo absoluto, el fundamento sobre el que descansa todo. YO SOY" es la primera causa-sustancia. YO SOY" es la autodefinición de Dios.

"YO SOY me ha enviado a vosotros" "YO SOY EL QUE SOY"

"Estad quietos y conoced que YO SOY Dios".

'YO SOY' es un sentimiento de conciencia permanente. El centro mismo de la conciencia es el sentimiento de "YO SOY". Puedo olvidar quién soy, dónde estoy, qué soy, pero no puedo olvidar que YO SOY. La conciencia de ser permanece independientemente del grado de olvido de quién, dónde y qué soy.

YO SOY" es aquello que, en medio de innumerables formas, es siempre lo mismo. Este gran descubrimiento de la causa revela que, bueno o malo, el hombre es en realidad el árbitro de su propio destino, y que es el concepto que tiene de sí mismo lo que determina el mundo en el que vive. En otras palabras, si experimentas mala salud, conociendo la verdad sobre la causa, no puedes atribuir la enfermedad a otra cosa que a la disposición particular de la sustancia-causa básica, disposición que está definida por tu concepto "estoy enfermo". Por eso se te dice: "Que diga el débil: "Yo soy fuerte"". Joel 3.10, pues por su asunción, la causa-sustancia -'YO SOY'- se reordena y debe, por tanto, manifestar aquello que su reordenación afirma. Este principio rige todos los aspectos de tu vida, ya sean sociales, financieros, intelectuales o espirituales.

YO SOY" es la realidad a la que, pase lo que pase, debemos acudir para explicar los fenómenos de la vida. Es el concepto que el YO SOY tiene de sí mismo lo que determina la forma y el escenario de su existencia. Todo depende de su actitud hacia sí mismo; lo que no afirme como verdad de sí mismo no puede despertar en su mundo. Es decir, tu concepto de ti mismo, como "soy fuerte", "estoy seguro", "soy amado", determina el mundo en el que vives. En otras palabras, cuando dices "Soy un hombre, soy un padre, soy un americano", no estás definiendo diferentes "YO SOY"; estás definiendo diferentes conceptos o disposiciones de la única causa-sustancia -el único "YO SOY". Incluso en los fenómenos de la naturaleza, si el árbol fuera articulado diría "Yo soy un árbol, un manzano, un árbol fructífero".

Cuando sabes que la conciencia es la única realidad - concibiéndose a sí misma como algo bueno, malo o indiferente, y convirtiéndose en aquello que concibió ser- te liberas de la tiranía de las causas segundas, de la creencia de que hay causas fuera de tu propia mente que pueden afectar a tu vida.

En el estado de conciencia del individuo se encuentra la explicación de los fenómenos de la vida. Si el concepto que el hombre tiene de sí mismo fuera diferente, todo en su mundo sería diferente. Siendo su concepto de sí mismo el que es, todo en su mundo debe ser como es.

Por lo tanto, está muy claro que sólo hay un YO SOY y tú eres ese YO SOY. Y aunque YO SOY es infinito, tú, por tu concepto de ti mismo, estás mostrando sólo un aspecto limitado del infinito "YO SOY".

"Construye más mansiones majestuosas, oh alma mía,
a medida que avanzan las estaciones.
¡Deja tu pasado de baja bóveda!
Que cada nuevo templo, más noble que el anterior,
Te cierre el cielo con una cúpula más vasta
Hasta que al fin seas libre,
Dejando tu caparazón por el mar de la vida."

PREGUNTAS Y RESPUESTAS DE REFLEXIÓN

1. ¿Qué significa la frase "YO SOY" en tu propia vida?

- **Respuesta:** La frase "YO SOY" significa mi identidad y esencia fundamentales. Representa mi conciencia de ser y la creencia fundamental que tengo sobre mí mismo. Al reflexionar sobre esto, me doy cuenta de que mi autoconcepto influye directamente en mis experiencias y percepciones del mundo.

-

2. ¿De qué manera cree usted que su concepto actual de sí mismo configura su realidad?

- **Respuesta:** Mi autoconcepto actual influye en mis emociones, relaciones y oportunidades. Por ejemplo, si me considero capaz y resiliente, tiendo a afrontar los desafíos con confianza. Por el contrario, considerarme inadecuado puede hacer que pierda oportunidades y tenga una experiencia vital limitada.

-

3. ¿Cómo puede la comprensión de que la conciencia es la única realidad liberarnos de las influencias externas?

- **Respuesta:** Reconocer que la conciencia es la única realidad me permite comprender que soy el creador de mis experiencias. Esta comprensión me permite cambiar mi enfoque de las circunstancias externas a mis creencias internas, liberándome así de la tiranía de las causas externas que alguna vez creí que dictaban mi vida.

-

4. ¿Qué creencias limitantes sobre ti mismo puedes identificar y cómo puedes reformularlas?

- **Respuesta:** Identifico creencias como "No soy lo suficientemente bueno" o "Nunca tendré éxito". Para replantearlas, puedo reemplazarlas con afirmaciones como "Soy capaz de crecer" y "Puedo lograr mis metas con esfuerzo y persistencia". Este cambio puede ayudar a reformular mis experiencias y resultados.

-

5. Piensa en un momento en el que te sentiste alineado con tu verdadero yo. ¿Cómo te sentiste y cómo puedes recrear esa experiencia?

- **Respuesta:** Un momento en el que me sentí alineada con mi verdadero yo fue durante un proyecto exitoso que mostró mis habilidades. Me sentí segura, realizada y conectada con mi propósito. Para recrear esta experiencia, puedo participar en actividades que me desafíen y que al mismo tiempo me permitan expresar mis talentos, como emprender nuevos proyectos o colaboraciones.

-

6. ¿Cómo pueden influir en tu mentalidad afirmaciones como "Diga el débil: 'Soy fuerte'"?

- **Respuesta:** Estas afirmaciones pueden cambiar significativamente mi mentalidad al alentarme a adoptar una imagen más fuerte de mí mismo. Al afirmar la fortaleza, empiezo a interiorizar esa creencia, lo que conduce a pensamientos y acciones más positivos, que finalmente se manifiestan en mi realidad.

-

7. ¿De qué manera puedes ampliar tu concepto de ti mismo para reflejar una versión más ilimitada de "YO SOY"?

- Respuesta: Puedo ampliar mi concepto de mí mismo explorando nuevos intereses, asumiendo riesgos y desafiando los límites que me he impuesto. Participar en nuevas experiencias, aprender de los demás y aceptar el cambio puede ayudarme a aprovechar las infinitas posibilidades de quién puedo ser.

CAPÍTULO DOS

CONCIENCIA

Sólo mediante un cambio de conciencia, cambiando realmente el concepto que tienes de ti mismo, puedes "construir mansiones más majestuosas", las manifestaciones de conceptos cada vez más elevados. (Por manifestar se entiende experimentar los resultados de estos conceptos en tu mundo). Es de vital importancia comprender claramente qué es la conciencia.

La razón reside en el hecho de que la conciencia es la única realidad, es la primera y única causa-sustancia de los fenómenos de la vida. Nada tiene existencia para el hombre si no es a través de la conciencia que tiene de ello. Por lo tanto, es a la conciencia a la que hay que dirigirse, pues es el único fundamento sobre el que pueden explicarse los fenómenos de la vida.

Si aceptamos la idea de una causa primera, se seguiría que la evolución de esa causa nunca podría dar lugar a nada extraño a ella misma. Es decir, si la primera causa-sustancia es la luz, todas sus evoluciones, frutos y manifestaciones seguirían siendo luz. Siendo la primera causa-sustancia la conciencia, todas sus evoluciones, frutos y fenómenos deben permanecer conciencia. Todo lo que podría observarse sería una forma o variación superior o inferior de la misma cosa. En otras palabras, si tu conciencia es la única realidad, también debe ser la única sustancia. En consecuencia, lo que se te aparece como circunstancias, condiciones e incluso objetos materiales no son en realidad más que productos de tu propia conciencia. La naturaleza, por tanto, como una cosa o un complejo de cosas externas a tu mente, debe ser rechazada. No puedes considerar que tú y tu entorno existís por separado. Tú y tu mundo sois uno.

Por lo tanto, debes pasar de la apariencia objetiva de las cosas al centro subjetivo de las mismas, tu conciencia, si realmente deseas conocer la causa de los fenómenos de la vida, y cómo utilizar este conocimiento para realizar tus sueños más anhelados. En medio de las aparentes contradicciones, antagonismos y contrastes de tu vida, sólo hay un principio en funcionamiento, sólo tu conciencia operando. La diferencia no consiste en la variedad de la sustancia, sino en la variedad de la disposición de la misma causa-sustancia, tu conciencia.

El mundo se mueve con una necesidad sin motivo. Con esto se quiere decir que no tiene motivo propio, sino que está bajo la necesidad de manifestar tu concepto, la disposición de tu mente, y tu mente siempre está dispuesta a imagen de todo lo que crees y consientes como verdadero. El rico, el pobre, el mendigo o el ladrón no son mentes diferentes, sino disposiciones diferentes de la misma mente, en el mismo sentido en que un trozo de acero, cuando está magnetizado, no difiere en sustancia de su estado desmagnetizado, sino en la disposición y el orden de sus moléculas. Un solo electrón girando en una órbita específica constituye la unidad del magnetismo. Cuando un trozo de acero o cualquier otra cosa se desmagnetiza, los electrones giratorios no se han detenido. Por lo tanto, el magnetismo no ha dejado de existir. Sólo hay una reorganización de las partículas, de modo que no producen ningún efecto externo o perceptible. Cuando las partículas están dispuestas al azar, mezcladas en todas direcciones, se dice que la sustancia está desmagnetizada; pero cuando las partículas están ordenadas en filas de modo que varias de ellas miran en una dirección, la sustancia es un imán. El magnetismo no se genera, se manifiesta. La salud, la riqueza, la belleza y el genio no se crean; sólo se manifiestan por la disposición de tu mente, es decir, por el concepto que tienes de ti mismo. La importancia de esto en tu vida diaria debería ser inmediatamente evidente.

La naturaleza básica de la causa primordial es la conciencia. Por lo tanto, la sustancia última de todas las cosas es la conciencia.

PREGUNTAS Y RESPUESTAS DE REFLEXIÓN

1. ¿Cómo define usted la conciencia en su propia vida y qué papel juega en sus experiencias diarias?

- **Respuesta:** Defino la conciencia como mi percepción de mí mismo y del mundo que me rodea. Desempeña un papel crucial en la configuración de mis experiencias, ya que mis creencias y pensamientos dictan cómo interpreto los acontecimientos e interactúo con los demás.

-

2. ¿Qué significa para usted "construir mansiones más majestuosas" en el contexto del cambio de conciencia?

- **Respuesta:** Para mí, "construir mansiones más majestuosas" significa evolucionar mi concepto de mí mismo y mis aspiraciones. Significa esforzarme por alcanzar niveles más elevados de conciencia y manifestar mejores circunstancias redefiniendo activamente lo que creo que es posible para mí.

-

3. ¿De qué manera percibes que tu conciencia influye en tu realidad? ¿Puedes recordar ejemplos específicos?

- **Respuesta:** Noto que mi conciencia influye en mi realidad en momentos en que mi mentalidad cambia, como cuando creo que puedo tener éxito en un proyecto o mantener relaciones saludables. Por ejemplo, cuando adopté una perspectiva más positiva sobre mi carrera, comenzaron a surgir oportunidades que no había notado antes.

4. ¿Cómo resuena con tu comprensión de la realidad la idea de que "tú y tu entorno no pueden ser considerados como existentes por separado"?

- **Respuesta:** Esta idea me resulta muy familiar. Sugiere que mis percepciones y creencias moldean mi entorno. Si veo mi entorno como un reflejo de mi estado interno, puedo responsabilizarme de mis experiencias y tratar de cambiarlas modificando mi mentalidad.

-

5. ¿Qué creencias limitantes tienes sobre ti mismo que pueden reflejarse en tus circunstancias actuales?

- **Respuesta:** Tengo creencias limitantes como "no soy creativo" o "nunca lograré la independencia financiera". Estas creencias a menudo se manifiestan como dudas a la hora de buscar nuevas oportunidades o asumir riesgos, lo que me impide alcanzar mi máximo potencial.

-

6. Reflexiona sobre la analogía del magnetismo en relación con tus pensamientos y creencias. ¿Cómo puedes reorganizar tus "partículas" mentales para manifestar un resultado deseado?

- **Respuesta:** Así como el magnetismo es el resultado de la disposición de las partículas, puedo reorganizar mis "partículas" mentales eligiendo conscientemente afirmaciones positivas y concentrándome en mis fortalezas.

Por ejemplo, en lugar de decir "no puedo hacer esto", podría cambiar a "estoy aprendiendo y mejorando", lo que ayuda a crear una mentalidad más solidaria.

-

7. ¿Cómo puede el reconocer que la conciencia es la sustancia última de todas las cosas cambiar tu enfoque ante los desafíos de tu vida?

- **Respuesta:** Reconocer que la conciencia es la sustancia fundamental me permite ver los desafíos como oportunidades de crecimiento. En lugar de sentirme víctima de las circunstancias, puedo concentrarme en cómo mis percepciones y creencias contribuyen a esos desafíos, lo que me permite tomar medidas proactivas hacia un cambio positivo.

-

8. ¿Qué pasos puedes dar para alejarte de las apariencias objetivas y centrarte más en tu conciencia subjetiva?

- **Respuesta:** Puedo tomar medidas como practicar la atención plena, llevar un diario de mis pensamientos y sentimientos y reflexionar periódicamente sobre mis creencias. Al hacerlo, puedo comprender mejor mi mundo interior y cómo influye en mis experiencias externas, lo que me lleva a vivir de manera más intencional.

CAPÍTULO TRES

EL PODER DE LA SUPOSICIÓN

El principal engaño del hombre es su convicción de que existen causas distintas de su propio estado de conciencia. Todo lo que le sucede a un hombre, todo lo que hace, todo lo que viene de él, sucede como resultado de su estado de conciencia. La conciencia de un hombre es todo lo que piensa, desea y ama, todo lo que cree que es verdad y consiente. Por eso es necesario un cambio de conciencia antes de que pueda cambiar su mundo exterior. La lluvia cae como resultado de un cambio en la temperatura en las regiones más altas de la atmósfera, así, de la misma manera, un cambio de circunstancias ocurre como resultado de un cambio en tu estado de conciencia.

"Transformaos por medio de la renovación de vuestra mente".

Para ser transformado, toda la base de tus pensamientos debe cambiar. Pero tus pensamientos no pueden cambiar a menos que tengas nuevas ideas, porque piensas a partir de tus ideas. Toda transformación comienza con un intenso y ardiente deseo de ser transformado. El primer paso en la "renovación de la mente" es el deseo. Debes querer ser diferente antes de empezar a cambiarte a ti mismo. Luego debes hacer de tu sueño futuro un hecho presente. Lo haces asumiendo el sentimiento de tu deseo cumplido. Al desear ser diferente de lo que eres, puedes crear un ideal de la persona que quieres ser y asumir que ya eres esa persona. Si persiste en esta suposición hasta que se convierte en su sentimiento dominante, la consecución de su ideal es inevitable. El ideal que esperas alcanzar está siempre listo para encarnarse, pero a menos que tú mismo le ofrezcas una paternidad humana, es incapaz de nacer. Por lo tanto, tu actitud debe ser una en la que - habiendo deseado expresar un estado superior - tú solo aceptes la tarea de encarnar este nuevo y mayor valor de ti mismo.

Al dar nacimiento a tu ideal debes tener en cuenta que los métodos de conocimiento mental y espiritual son completamente diferentes. Este es un punto que probablemente no comprenda más de una persona entre un millón. Conoces una cosa mentalmente mirándola desde fuera, comparándola con otras cosas, analizándola y definiéndola; mientras que espiritualmente sólo puedes conocer una cosa convirtiéndote en ella. Debes ser la cosa misma y no sólo hablar de ella o mirarla. Debes ser como la polilla en busca de su ídolo, la llama,

"que espoleada por el verdadero deseo, sumergiéndose de inmediato en el fuego sagrado, plegó sus alas en su interior, hasta convertirse en un solo color y una sola sustancia con la llama. Sólo conoció la llama a quien en ella ardía, y sólo él pudo contar a quien nunca a contar volvió".

Así como la polilla, en su deseo de conocer la llama, estaba dispuesta a destruirse a sí misma, así tú, al convertirte en una nueva persona, debes estar dispuesto a morir a tu yo actual.

Debes ser consciente de estar sano si quieres saber lo que es la salud. Debes ser consciente de estar seguro para saber lo que es la seguridad. Por lo tanto, para encarnar un nuevo y mayor valor de ti mismo, debes asumir que ya eres lo que quieres ser y luego vivir por fe en esta suposición -que aún no está encarnada en el cuerpo de tu vida- en la confianza de que este nuevo valor o estado de conciencia se encarnará a través de tu fidelidad absoluta a la suposición de que eres lo que deseas ser. Esto es lo que significan la totalidad y la integridad. Significan la sumisión de todo el ser al sentimiento del deseo cumplido con la certeza de que ese nuevo estado de conciencia es la renovación de la mente que transforma. No hay orden en la Naturaleza que corresponda a esta sumisión voluntaria del yo al ideal más allá del yo. Por lo tanto, es el colmo de la locura esperar que la encarnación de un nuevo y mayor concepto del yo se produzca por un proceso evolutivo natural. Aquello que requiere un estado de conciencia para producir su efecto, obviamente no puede efectuarse sin tal estado de conciencia, y en tu capacidad de asumir el sentimiento de una vida mayor, de asumir un nuevo concepto de ti mismo, posees lo que el resto de la Naturaleza no posee: la imaginación, el instrumento mediante el cual creas tu mundo. Tu imaginación es el instrumento, el medio, por el cual se efectúa tu redención de la esclavitud, la enfermedad y la pobreza. Si te niegas a asumir la responsabilidad de la encarnación de un concepto nuevo y más elevado de ti mismo, entonces rechazas el medio, el único medio, por el que tu redención -es decir, la consecución de tu ideal- puede efectuarse.

La imaginación es la única fuerza redentora del universo. Sin embargo, tu naturaleza es tal que es opcional para ti permanecer en tu actual concepto de ti mismo (un ser hambriento que anhela libertad, salud y seguridad) o elegir convertirte en el instrumento de tu propia redención, imaginándote a ti mismo como aquello que quieres ser, y así satisfacer tu hambre y redimirte a ti mismo.

"Oh, sé fuerte entonces, y valiente, puro, paciente y verdadero;
El trabajo que es tuyo no dejes que otra mano lo haga.
Porque la fuerza para todas las necesidades es fielmente dada
De la fuente que hay en ti: el Reino
de los Cielos".

PREGUNTAS Y RESPUESTAS DE REFLEXIÓN

1. ¿Qué significa para usted que su estado de conciencia sea la causa principal de sus experiencias?

- **Respuesta:** Significa que debo hacerme responsable de mis pensamientos y creencias. Reconocer que mi conciencia moldea mi realidad me permite cambiar mi mentalidad y mejorar mis circunstancias, en lugar de culpar a factores externos.

-

2. ¿Cómo interpretas la frase "Transformaos mediante la renovación de vuestro entendimiento"?

- **Respuesta:** Interpreto esta frase como un llamado a involucrarme activamente en la superación personal y el crecimiento personal. Sugiere que para crear un cambio significativo en mi vida, necesito comenzar con mis pensamientos y creencias, que eventualmente influirán en mis acciones y resultados.

-

3. Piensa en un momento en el que un deseo intenso provocó un cambio significativo en tu vida. ¿Qué pasos tomaste para manifestar ese cambio?

- **Respuesta:** Un fuerte deseo de mejorar mi salud me llevó a adoptar una nueva rutina de ejercicios y hábitos alimenticios más saludables. Me fijé metas claras, visualicé mi estado deseado y persistí en esos nuevos hábitos hasta que se convirtieron en parte de mi estilo de vida.

-

4. ¿Qué ideal deseas manifestar en tu vida y cómo puedes empezar a asumir ese sentimiento?

- Respuesta: Deseo manifestar una mayor confianza en mí mismo en mi vida profesional. Para empezar a asumir ese sentimiento, puedo visualizarme presentando ideas con confianza en reuniones, practicando un diálogo interno positivo y asumiendo nuevos retos que me empujen a salir de mi zona de confort.

-

5. ¿Qué significa "convertirse" en lo que deseas en lugar de simplemente desearlo?

- Respuesta: "Convertirme" en lo que deseo significa encarnar plenamente las cualidades y la mentalidad de la persona que quiero ser. Implica tomar acción, cambiar mi autopercepción y alinear constantemente mis pensamientos y conductas con ese ideal, en lugar de esperar pasivamente el cambio.

-

6. ¿Cómo ilustra la analogía de la polilla y la llama el proceso de transformación?

- **Respuesta:** La analogía ilustra que la verdadera transformación requiere un profundo deseo y voluntad de desprenderse del antiguo yo. Así como la polilla se sacrifica para fundirse con la llama, yo debo estar dispuesto a liberarme de las creencias limitantes y abrazar una nueva identidad para alcanzar mis metas.

-

7. ¿De qué manera puedes utilizar tu imaginación como herramienta de transformación personal?

- **Respuesta:** Puedo utilizar mi imaginación visualizando mi vida ideal y sintiendo las emociones asociadas con su realización. Al practicar regularmente la visualización y las afirmaciones, puedo reforzar la creencia de que soy capaz de convertirme en esa persona, lo que puede guiar mis acciones para convertirla en realidad.

-

8. ¿Qué miedos o dudas te impiden asumir un concepto nuevo y más elevado de ti mismo?

- **Respuesta:** El miedo al fracaso y la duda sobre mí mismo a menudo me frenan. Me preocupa no poder estar a la altura de mis propias expectativas. Reconocer estos miedos me permite enfrentarlos y recordarme que el crecimiento se logra al salir de mi zona de confort.

9. ¿Cómo puedes asegurarte de asumir la responsabilidad de tu transformación personal en lugar de depender de circunstancias externas?

- **Respuesta:** Puedo asegurarme de ello si reviso periódicamente mis pensamientos y creencias, establezco objetivos intencionales y tomo medidas proactivas para lograr los cambios que deseo. Establecer una rutina que incluya la autorreflexión y la responsabilidad me ayudará a mantenerme centrado en mi camino de transformación.

CAPÍTULO CUATRO
DESEO

Los cambios que tienen lugar en tu vida como resultado del cambio en el concepto que tienes de ti mismo, siempre le parecen al no iluminado que son el resultado, no de un cambio en tu conciencia, sino de la casualidad, de una causa externa o de una coincidencia. Sin embargo, el único destino que gobierna tu vida es el destino determinado por tus propios conceptos, tus propias suposiciones; porque una suposición, aunque falsa, si se persiste en ella se convertirá en un hecho. El ideal que buscas y esperas alcanzar no se manifestará, no será realizado por ti, hasta que hayas imaginado que ya eres ese ideal. No hay escapatoria para ti, salvo una transformación psicológica radical de ti mismo, salvo que asumas el sentimiento de tu deseo cumplido. Por lo tanto, haz de los resultados o de las realizaciones la prueba crucial de tu capacidad de utilizar la imaginación.

Todo depende de tu actitud hacia ti mismo. Aquello que no afirmes como cierto de ti mismo, nunca podrá ser realizado por ti, ya que sólo esa actitud es la condición necesaria por la cual realizas tu objetivo.

Toda transformación se basa en la sugestión y ésta sólo puede funcionar cuando te abres completamente a una influencia. Debes abandonarte a tu ideal como una mujer se abandona al amor, porque el completo abandono de ti mismo a él es el camino hacia la unión con tu ideal. Debes asumir el sentimiento del deseo cumplido hasta que tu suposición tenga toda la vivacidad sensorial de la realidad. Debes imaginar que ya estás experimentando lo que deseas. Es decir, debes asumir el sentimiento del cumplimiento de tu deseo hasta que estés poseído por él y este sentimiento expulse todas las demás ideas de tu conciencia.

El hombre que no está preparado para zambullirse conscientemente en la asunción del deseo cumplido con la fe de que es el único camino hacia la realización de su sueño, aún no está preparado para vivir conscientemente por la ley de la asunción, aunque no hay duda de que vive por la ley de la asunción inconscientemente. Pero para ti, que aceptas este principio y estás preparado para vivir asumiendo conscientemente que tu deseo ya se ha cumplido, comienza la aventura de la vida. Para alcanzar un nivel superior de ser, debes asumir un concepto superior de ti mismo.

Si no te imaginas a ti mismo como algo distinto de lo que eres, entonces permanecerás como eres,

"porque si no creéis que yo soy, moriréis en vuestros pecados".

Si no crees que eres Él (la persona que quieres ser), entonces sigues siendo como eres. Mediante el fiel cultivo sistemático del sentimiento del deseo cumplido, el deseo se convierte en la promesa de su propia realización. La asunción del sentimiento del deseo cumplido convierte el sueño futuro en un hecho presente.

PREGUNTAS Y RESPUESTAS DE REFLEXIÓN

1. ¿Qué significa para usted que sus conceptos y suposiciones determinen su destino?

- **Respuesta:** Significa que tengo el poder de moldear mi propia realidad. Mis creencias y suposiciones crean mis experiencias y, si quiero cambiar mi vida, necesito cambiar la forma en que me percibo a mí mismo y lo que creo que es posible para mí.

-

2. ¿Puedes identificar un momento en el que experimentaste un cambio en tu vida que inicialmente atribuiste a la casualidad o la coincidencia? ¿Cuál fue la verdadera causa?

- **Respuesta:** En algún momento pensé que mi ascenso en el trabajo había sido pura suerte, pero después de reflexionar, me di cuenta de que era el resultado de mis esfuerzos constantes, mi actitud positiva y la convicción de que merecía el ascenso. Cambiar mi percepción de mí mismo jugó un papel crucial en ese logro.

-

3. ¿Cómo puedes aplicar la idea de "asumir el sentimiento de tu deseo cumplido" en tu vida?

- **Respuesta:** Puedo aplicar esta idea visualizando mis metas como ya alcanzadas. Por ejemplo, si quiero estar más saludable, puedo imaginar cómo me sentiría y actuaría como una persona saludable, incorporando esa mentalidad a mis decisiones y conductas diarias.

-

4. ¿Qué creencias limitantes tienes actualmente que te impiden afirmar tu yo ideal?

- **Respuesta:** Actualmente tengo creencias como "no tengo las habilidades suficientes" o "no merezco el éxito". Estos pensamientos obstaculizan mi capacidad de visualizarme como alguien exitoso. Reconocer estas creencias me permite desafiarlas y reemplazarlas con afirmaciones más empoderadoras.

-

5. ¿Qué significa abandonarse a tu ideal y cómo puedes cultivar ese nivel de compromiso?

- **Respuesta:** Abandonarme a mi ideal significa sumergirme por completo en la creencia y los sentimientos asociados con mi estado deseado. Puedo cultivar este compromiso participando en prácticas diarias como la visualización, escribir un diario sobre mis metas y rodearme de influencias que me apoyen y refuercen mis aspiraciones.

-

6. ¿De qué manera te resistes actualmente a la idea de imaginarte como algo más grande de lo que eres?

- **Respuesta:** A menudo me resisto a esta idea por miedo al fracaso o a la incompetencia. Puedo pensar: "¿Qué pasa si no puedo lograr eso?" Esta duda sobre mí mismo me impide abrazar plenamente mi potencial. Reconocer esta resistencia me ayuda a enfrentarla y tomar medidas para imaginar una mejor versión de mí mismo.

-

7. ¿Cómo puedes hacer que tus logros sean una prueba crucial de tu capacidad para usar tu imaginación?

- **Respuesta:** Puedo hacer un seguimiento de mi progreso y celebrar los pequeños logros como indicadores de mi imaginación en acción. Al establecer objetivos claros y visualizarlos como ya alcanzados, puedo medir mi éxito en relación con esos resultados y ajustar mi mentalidad en consecuencia.

-

8. ¿Qué pasos puedes seguir para asegurarte de que estás preparado para vivir conscientemente según la ley de asunción?

- **Respuesta:** Puedo empezar por educarme sobre la ley de la suposición, practicar la visualización a diario e identificar claramente mis deseos. Establecer una rutina que incluya afirmaciones y reflexiones sobre mi progreso ayudará a reforzar mi compromiso con esta mentalidad.

-

9. Reflexiona sobre la cita: "Si no crees que eres Él (la persona que quieres ser), entonces permaneces como eres". ¿Cómo se relaciona esto con tu comprensión de la identidad propia?

- **Respuesta:** Esta cita resuena profundamente porque enfatiza la importancia de la confianza en uno mismo para la transformación personal. Destaca que mi identidad influye directamente en mis acciones y resultados; por lo tanto, si quiero evolucionar, primero debo aceptar la creencia de que soy capaz de convertirme en esa versión ideal de mí mismo.

CAPÍTULO CINCO

LA VERDAD QUE TE HACE LIBRE

El drama de la vida es un drama psicológico en el que todas las condiciones, circunstancias y acontecimientos de tu vida vienen determinados por tus suposiciones.

Puesto que tu vida está determinada por tus suposiciones, te ves obligado a reconocer el hecho de que o eres esclavo de tus suposiciones o eres su amo. Convertirse en el amo de tus suposiciones es la clave de una libertad y una felicidad jamás soñadas. Puedes alcanzar este dominio mediante el control consciente y deliberado de tu imaginación. Determina tus suposiciones de esta manera: Forme una imagen mental, una imagen del estado deseado, de la persona que quiere ser. Concentra tu atención en la sensación de que ya eres esa persona. Primero, visualiza la imagen en tu conciencia. Luego, siéntete en ese estado como si realmente formara tu mundo circundante. Gracias a tu imaginación, lo que era una simple imagen mental se convierte en una realidad aparentemente sólida.

El gran secreto es una imaginación controlada y una atención bien sostenida, firme y repetidamente enfocada en el objeto que debe lograrse. Nunca se insistirá demasiado en que, al crear un ideal dentro de tu esfera mental, al suponer que tú ya eres ese ideal, te identificas con él y, de ese modo, te transformas en su imagen. Esto fue llamado por los antiguos maestros, "Sujeción a la voluntad de Dios" o "Reposo en el Señor", y la única prueba verdadera del "Reposo en el Señor" es que todos los que descansan se transforman inevitablemente en la imagen de aquello en lo que descansan. Te transformas según tu voluntad resignada, y tu voluntad resignada es el concepto que tienes de ti mismo y de todo lo que consientes y aceptas como verdadero. Tú, asumiendo el sentimiento de tu deseo cumplido y continuando en él, tomas sobre ti los resultados de ese estado; no asumiendo el sentimiento de tu deseo cumplido, estás siempre libre de los resultados.

Cuando comprendes la función redentora de la imaginación, tienes en tus manos la llave de la solución de todos tus problemas. Cada fase de tu vida está hecha por el ejercicio de tu imaginación. Sólo la imaginación decidida es el medio de tu progreso, de la realización de tus sueños. Es el principio y el fin de toda creación. El gran secreto es una imaginación controlada y una atención bien sostenida, firme y repetidamente enfocada en el sentimiento del deseo cumplido hasta que llena la mente y desplaza todas las demás ideas fuera de la conciencia. ¿Qué mayor regalo se te puede dar que el que se te diga la Verdad que te hará libre? La Verdad que te hace libre es que puedes experimentar en la imaginación lo que deseas experimentar en la realidad, y manteniendo esta experiencia en la imaginación tu deseo se convertirá en una realidad.

Estás limitado sólo por tu imaginación incontrolada y la falta de atención a la sensación de tu deseo cumplido. Cuando la imaginación no está controlada y la atención no está fija en el sentimiento del deseo cumplido, entonces ninguna cantidad de oración o piedad o invocación producirá el efecto deseado. Cuando puedes evocar a voluntad cualquier imagen que te plazca, cuando las formas de tu imaginación son tan vívidas para ti como las formas de la naturaleza, eres dueño de tu destino.

Visiones de belleza y esplendor,
Formas de una raza perdida hace mucho tiempo,

Sonidos, rostros y voces,
Desde la cuarta dimensión del espacio...
Y a través del universo sin límites,
Nuestros pensamientos van como relámpagos.
Algunos lo llaman imaginación,
Y otros lo llaman Dios.

PREGUNTAS Y RESPUESTAS DE REFLEXIÓN

1. ¿Qué significa ser esclavo de tus suposiciones o ser su amo?

- **Respuesta:** Ser esclavo de mis suposiciones significa que dejo que mis creencias y percepciones controlen mi realidad, lo que a menudo me lleva a limitaciones e insatisfacción. Por el contrario, ser su amo significa tomar el control consciente de mis pensamientos y creencias para crear una realidad que se alinee con mis deseos, permitiéndome vivir más libre y felizmente.

-

2. ¿Cómo puede la formación de una imagen mental de tu estado deseado influir en tu realidad?

- **Respuesta:** Formar una imagen mental ayuda a aclarar lo que realmente quiero, lo que a su vez enfoca mis pensamientos y emociones en lograr ese ideal. Al imaginar vívidamente mi estado deseado y sentir como si ya lo estuviera experimentando, alineo mi subconsciente con esa realidad, lo que puede atraer experiencias y oportunidades que reflejen ese ideal.

-

3. ¿Qué técnicas puedes utilizar para desarrollar una imaginación controlada?

- **Respuesta:** Técnicas como ejercicios de visualización, meditación y afirmaciones pueden ayudar a desarrollar una imaginación controlada. Al practicar estas técnicas con regularidad, puedo fortalecer mi capacidad de concentrarme en imágenes mentales positivas y en los sentimientos asociados con mis deseos, haciéndolos más vívidos e impactantes.

-

4. Piensa en una ocasión en la que tus suposiciones influyeron positiva o negativamente en tus experiencias. ¿Qué lecciones aprendiste?

- **Respuesta:** Una vez supuse que iba a fracasar en una presentación, lo que me puso ansioso y sin preparación. Esta suposición se convirtió en una profecía autocumplida. La lección que aprendí es que mi mentalidad puede influir mucho en mi desempeño. Por el contrario, cuando supuse que tendría éxito en un proyecto posterior, lo abordé con confianza y me preparé a conciencia, lo que dio como resultado un resultado positivo.

-

5. ¿Cómo resuena la idea de "descansar en el Señor" o "sujeción a la voluntad de Dios" con tu comprensión de la rendición al estado deseado?

- **Respuesta:** Esta idea me resuena porque enfatiza la confianza y la fe en el proceso de transformación. Entregarme al estado que deseo significa dejar ir la duda y abrazar por completo la sensación de ser ya ese yo ideal, lo que me permite alinearme con esa realidad sin resistencia.

-

6. ¿De qué manera actualmente permites que la imaginación descontrolada limite tu potencial?

- **Respuesta:** A menudo me encuentro en una espiral de pensamientos negativos o escenarios desfavorables, que me generan ansiedad e inhiben mi capacidad de actuar. Reconocer estos patrones me ayuda a redirigir conscientemente mis pensamientos hacia imágenes más positivas y empoderadoras que respaldan mis objetivos.

-

7. ¿Cómo puede el mantener la experiencia de tu deseo en la imaginación conducir a su manifestación en la realidad?

- **Respuesta:** Mantener esa experiencia en mi imaginación me permite mantener el foco en las emociones y creencias positivas asociadas con mi deseo, que pueden influir en mis acciones y decisiones en el mundo real. Este enfoque constante ayuda a atraer situaciones y oportunidades que se alinean con ese estado imaginado, haciendo que su manifestación sea más probable.

-

8. ¿Cuáles son algunos pasos prácticos que puedes seguir para fortalecer tu atención en el sentimiento de tu deseo cumplido?

- **Respuesta:** Puedo reservar un tiempo específico cada día para la visualización y las afirmaciones, realizar prácticas de atención plena para mantenerme presente y crear un tablero de visión que sirva como recordatorio constante de mis objetivos. Rodearme de personas y recursos que me apoyen también puede ayudarme a mantener ese enfoque.

-

9. ¿Cómo interpretas las últimas líneas sobre la imaginación y Dios? ¿Qué conexión ves entre tu poder creativo y lo divino?

- Respuesta: Interpreto estas líneas como una sugerencia de que la imaginación es un don divino que nos conecta con un poder creativo mayor. Al aprovechar mi imaginación, puedo acceder a la misma energía que crea el universo, lo que me permite manifestar mis deseos y sueños. Esta conexión refuerza la idea de que tengo la capacidad de dar forma a mi realidad a través de mis pensamientos y creencias.

CAPÍTULO SEIS
ATENCIÓN

"El hombre de doble ánimo es inestable en todos sus caminos".

JAMES 1:8

La atención es poderosa en proporción a la estrechez de su foco, es decir, cuando está obsesionada con una sola idea o sensación. Se estabiliza y se enfoca poderosamente sólo mediante un ajuste de la mente que te permita ver una sola cosa, porque estabilizas la atención y aumentas su poder al confinarla. El deseo que se realiza es siempre un deseo en el que la atención está exclusivamente concentrada, porque una idea está dotada de poder sólo en proporción al grado de atención fijada en ella. La observación concentrada es la actitud atenta dirigida hacia un fin determinado. La actitud atenta implica selección, pues cuando prestas atención significa que has decidido centrar tu atención en un objeto o estado y no en otro.

Por lo tanto, cuando sabes lo que quieres debes centrar deliberadamente tu atención en el sentimiento de tu deseo cumplido hasta que ese sentimiento llene la mente y desplace todas las demás ideas fuera de la conciencia.

El poder de la atención es la medida de tu fuerza interior. La observación concentrada en una cosa excluye las demás y las hace desaparecer. El gran secreto del éxito consiste en concentrar la atención en el sentimiento del deseo cumplido sin permitir ninguna distracción. Todo progreso depende de un aumento de la atención. Las ideas que te impulsan a la acción son las que dominan la conciencia, las que poseen la atención.

"Esto único que hago, olvidando las cosas que quedan atrás, presiono hacia la meta".

Esto significa que tú, esto es lo que puedes hacer, "olvidando lo que queda atrás". Puedes presionar hacia la marca de llenar tu mente con el sentimiento del deseo cumplido.

Al hombre no iluminado esto le parecerá todo fantasía, sin embargo todo progreso proviene de aquellos que no adoptan el punto de vista aceptado, ni aceptan el mundo tal como es. Como se ha dicho antes, si puedes imaginar lo que quieras, y si las formas de tu pensamiento son tan vívidas como las formas de la naturaleza, eres, en virtud del poder de tu imaginación, dueño de tu destino.

Tu imaginación eres tú mismo y el mundo tal como lo ve tu imaginación es el mundo real.

Cuando te propones dominar los movimientos de la atención, cosa que debes hacer si quieres alterar con éxito el curso de los acontecimientos observados, es entonces cuando te das cuenta del poco control que ejerces sobre tu imaginación y de lo mucho que está dominada por las impresiones sensoriales y por una deriva en las mareas de los estados de ánimo ociosos.

Para ayudarte a dominar el control de tu atención practica este ejercicio. Noche tras noche, justo antes de irte a dormir, esfuérzate por mantener tu atención en las actividades del día en orden inverso. Centra tu atención en lo último que has hecho, es decir, acostarte, y luego muévela hacia atrás en el tiempo sobre los acontecimientos hasta que llegues al primer acontecimiento del día, levantarte de la cama. No es un ejercicio fácil, pero al igual que los ejercicios específicos ayudan mucho a desarrollar músculos específicos, esto ayudará mucho a desarrollar el "músculo" de tu atención. Tu atención debe estar desarrollada, controlada y concentrada para poder cambiar con éxito el concepto que tienes de ti mismo y cambiar así tu futuro. La imaginación es capaz de hacer cualquier cosa, pero sólo en función de la dirección interna de tu atención. Si persistes noche tras noche, tarde o temprano despertarás en ti un centro de poder y tomarás conciencia de tu yo más grande, tu verdadero yo. La atención se desarrolla mediante el ejercicio repetido o el hábito. A través del hábito, una acción se vuelve más fácil y, con el tiempo, da lugar a una facilidad o facultad que puede utilizarse para fines más elevados.

Cuando consigas controlar la dirección interna de tu atención, ya no estarás en aguas poco profundas, sino que te lanzarás a las profundidades de la vida. Caminarás en la asunción del deseo cumplido como sobre una base más sólida incluso que la tierra.

PREGUNTAS Y RESPUESTAS DE REFLEXIÓN

1. ¿Qué significa tener "doble ánimo" y cómo se relaciona esto con el logro de tus objetivos?

- **Respuesta:** Una persona de "doble ánimo" es inconsistente y carece de foco, lo que puede generar confusión e inestabilidad en la toma de decisiones. Esta falta de claridad puede impedirme alcanzar mis objetivos de manera eficaz. Para lograr lo que deseo, necesito cultivar un enfoque unificado en mis aspiraciones.

-

2. ¿Cómo afecta el hecho de concentrar su atención en la sensación de su deseo cumplido a su capacidad de manifestar ese deseo?

- **Respuesta:** Concentrar mi atención en la sensación de que mi deseo se ha cumplido refuerza mi creencia en su realidad. Este enfoque ayuda a alinear mis pensamientos, emociones y acciones con mis deseos, lo que aumenta la probabilidad de que atraiga experiencias y oportunidades que reflejen ese cumplimiento.

-

3. Reflexiona sobre la cita: "Una cosa hago, olvidando ciertamente lo que queda atrás". ¿Qué importancia tiene esto para tu crecimiento personal?

- **Respuesta:** Esta cita enfatiza la importancia de dejar atrás los fracasos o limitaciones del pasado para seguir adelante. Al centrarme únicamente en mis deseos y aspiraciones actuales, puedo cultivar una mentalidad abierta al crecimiento y la transformación, libre del peso de las experiencias anteriores.

-

4. ¿De qué manera las distracciones obstaculizan su capacidad de mantener un enfoque concentrado en sus objetivos?

- Respuesta: Las distracciones, ya sean de fuentes externas o de dudas internas, pueden descarrilar mi progreso al desviar mi atención de lo que realmente importa. Cuando me permito distraerme, pierdo el impulso necesario para manifestar mis deseos de manera efectiva.

-

5. ¿Qué técnicas o prácticas puedes implementar para fortalecer tu capacidad de controlar tu atención?

- Respuesta: Técnicas como la meditación consciente, ejercicios de visualización y llevar un diario pueden ayudarme a mejorar mi concentración. Reservar tiempo regularmente para reflexionar sobre mis objetivos y practicar ejercicios de atención, como recordar mi día al revés, también puede desarrollar mi capacidad de concentración.

-

6. ¿Cómo resuena el concepto de que la imaginación es el "yo real" con tu comprensión de la autoidentidad y la manifestación?

- **Respuesta:** Este concepto resuena profundamente en mí, ya que sugiere que mi percepción e imaginación dan forma a mi realidad. Al aceptar la idea de que mi imaginación es una herramienta poderosa para el autodescubrimiento y la manifestación, puedo redefinir mi identidad personal de una manera que se alinee con mis deseos.

-

7. ¿Cuáles son algunos patrones de pensamiento habituales que necesitas romper para concentrar tu atención de manera más efectiva?

- **Respuesta:** A menudo me encuentro hablando de forma negativa o preocupándome por el futuro. Romper con estos hábitos requiere un esfuerzo consciente para reemplazarlos con afirmaciones positivas e intenciones enfocadas que se alineen con mis objetivos.

-

8. ¿Cómo puede la práctica del ejercicio de revisar tu día en sentido inverso ayudarte a desarrollar el músculo de la atención?

- **Respuesta:** Este ejercicio me anima a ser más consciente de mis actividades diarias y me ayuda a entrenar mi mente para que se concentre intensamente en una tarea a la vez. Al dirigir conscientemente mi atención de esta manera, fortalezco mi disciplina mental y mejoro mi capacidad de concentrarme en mis deseos.

-

9. ¿Qué significa "lanzarnos a lo profundo de la vida" y cómo podemos aplicar este concepto a nuestro recorrido personal?

- Respuesta: "Lanzarnos a lo profundo de la vida" implica aceptar nuevos desafíos y experiencias con confianza. Aplicar este concepto a mi recorrido personal significa estar dispuesto a salir de mi zona de confort, confiar en mi intuición y comprometerme plenamente con mis sueños y aspiraciones.

CAPÍTULO SIETE

ACTITUD

Los experimentos llevados a cabo recientemente por Merle Lawrence (Princeton) y Adelbert Ames (Dartmouth) en el laboratorio de psicología de este último en Hanover, N. H., demuestran que lo que se ve al mirar algo no depende tanto de lo que hay como de la suposición que se hace al mirar. Puesto que lo que creemos que es el mundo físico "real" es en realidad sólo un mundo de "suposiciones", no es sorprendente que estos experimentos demuestren que lo que parece ser la sólida realidad es en realidad el resultado de "expectativas" o "suposiciones". Tus suposiciones determinan no sólo lo que ves, sino también lo que haces, pues rigen todos tus movimientos conscientes y subconscientes hacia el cumplimiento de ellas mismas. Hace más de un siglo esta verdad fue enunciada por Emerson de la siguiente manera:

"Así como el mundo era plástico y fluido en las manos de Dios, así es siempre para tanto de sus atributos como nosotros le aportamos. Para la ignorancia y el pecado, es pedernal. Se adaptan a él como pueden, pero en la medida en que un hombre tiene algo divino en él, el firmamento fluye ante él y toma su sello y forma."

Tu suposición es la mano de Dios moldeando el firmamento a imagen de lo que supones. La suposición del deseo cumplido es la marea alta que te levanta fácilmente de la barra de los sentidos donde has estado encallado tanto tiempo.Eleva la mente a la profecía en el pleno sentido de la palabra; y si tienes la imaginación controlada y la atención

absorta que es posible alcanzar, puedes estar seguro de que todo lo que tu suposición implica se hará realidad.
Cuando William Blake escribió,

"Lo que parece ser, es, para aquellos a quienes parece ser"no hacía más que repetir la eterna verdad

"No hay nada impuro en sí mismo; pero para aquel que estima que algo es impuro, para él es impuro".

ROM. 14:14

Puesto que no hay nada impuro en sí mismo (o limpio en sí mismo), debes suponer lo mejor y pensar sólo en lo que es hermoso y de buena reputación.

Si lees en la grandeza de los hombres alguna pequeñez con la que puedes estar familiarizado, o en alguna situación o circunstancia una convicción desfavorable, no se trata de perspicacia superior sino de ignorancia de esta ley de suposición.Tu relación particular con otro influye en tu suposición con respecto a ese otro y te hace ver en él lo que ves. Si puedes cambiar tu opinión sobre otro, entonces lo que ahora crees de él no puede ser absolutamente cierto, sino sólo relativamente cierto. A continuación se expone un caso real que ilustra cómo funciona la ley de la suposición:Un día, una diseñadora de vestuario me contó sus dificultades para trabajar con un importante productor teatral. Estaba convencida de que criticaba y rechazaba injustamente sus mejores trabajos y de que a menudo era deliberadamente grosero e injusto con ella. Al escuchar su historia, le expliqué que si encontraba al otro grosero e injusto, era una señal segura de que ella misma tenía carencias y que no era el productor, sino ella misma la que necesitaba una nueva actitud.Le dije que el poder de esta ley de la suposición y su aplicación práctica sólo podría descubrirse a través de la experiencia y que sólo asumiendo que la situación ya era lo que ella quería que fuera podría demostrar que podía provocar el cambio deseado.

Su jefe no hacía más que dar testimonio, diciéndole con su comportamiento cuál era el concepto que ella tenía de él. Sugerí que era muy probable que mantuviera conversaciones con él en su mente, llenas de críticas y recriminaciones. No cabía duda de que estaba discutiendo mentalmente con el productor, pues los demás sólo se hacen eco de lo que les susurramos en secreto. Le pregunté si no era cierto que hablaba con él mentalmente y, en caso afirmativo, cómo eran esas conversaciones. Me confesó que todas las mañanas, de camino al teatro, le decía lo que pensaba de él de una forma que nunca se habría atrevido a decirle en persona. La intensidad y la fuerza de sus discusiones mentales con él establecían automáticamente su comportamiento hacia ella. Empezó a darse cuenta de que todos mantenemos conversaciones mentales, pero que, desgraciadamente, en la mayoría de las ocasiones estas conversaciones son argumentativas... que sólo tenemos que observar a los transeúntes por la calle para comprobar esta afirmación... que tantas personas están absortas mentalmente en una conversación y pocas parecen estar contentas por ello, pero la propia intensidad de su sentimiento debe conducirlas rápidamente al desagradable incidente que ellas mismas han creado mentalmente y que, por lo tanto, ahora deben afrontar. Cuando se dio cuenta de lo que había estado haciendo, aceptó cambiar de actitud y vivir fielmente esta ley asumiendo que su trabajo era muy satisfactorio y su relación con el productor muy feliz. Para ello, acordó que antes de irse a dormir por la noche, de camino al trabajo y en otros momentos del día, imaginaría que él la había felicitado por sus magníficos diseños y que ella, a su vez, le había agradecido sus elogios y su amabilidad. Para su gran deleite, pronto descubrió por sí misma que su propia actitud era la causa de todo lo que le ocurría.

El comportamiento de su patrón se invirtió milagrosamente. Su actitud, que reflejaba, como siempre lo había hecho, la que ella había asumido, reflejaba ahora el nuevo concepto que ella tenía de él.

Lo que ella hizo fue por el poder de su imaginación. Su persistente suposición influyó en su comportamiento y determinó su actitud hacia ella. Con el pasaporte del deseo y en alas de una imaginación controlada, viajó al futuro de su propia experiencia predeterminada.

Así vemos que no son los hechos, sino lo que creamos en nuestra imaginación lo que da forma a nuestras vidas, porque la mayoría de los conflictos del día se deben a la falta de un poco de imaginación para sacar la viga de nuestro propio ojo. Son las mentes exactas y literales las que viven en un mundo ficticio. Del mismo modo que esta diseñadora, con su imaginación controlada, inició el sutil cambio en la mente de su empleador, también nosotros, con el control de nuestra imaginación y un sentimiento sabiamente dirigido, podemos resolver nuestros problemas.

Mediante la intensidad de su imaginación y sus sentimientos, la diseñadora lanzó una especie de encantamiento sobre la mente de su productor y le hizo pensar que su generoso elogio tenía su origen en él. A menudo, nuestros pensamientos más elaborados y originales están determinados por otro.

"Nunca deberíamos estar seguros de que no fue alguna mujer pisando el lagar la que inició ese sutil cambio en la mente de los hombres, o que la pasión no comenzó en la mente de algún pastorcillo, iluminando sus ojos por un momento antes de seguir su camino".

WILLIAM BUTLER YEATS

PREGUNTAS Y RESPUESTAS DE REFLEXIÓN

1. ¿Cómo influyen tus suposiciones en tu percepción de la realidad?

- **Respuesta:** Mis suposiciones actúan como una lente a través de la cual veo el mundo. Pueden limitar mi perspectiva o ampliarla, dependiendo de si tengo creencias positivas o negativas sobre mí mismo y los demás. Al reconocer esta influencia, puedo cambiar conscientemente mis suposiciones para crear una realidad más positiva.

-

2. ¿Qué papel juega la imaginación en la configuración de tus experiencias, según este capítulo?

- **Respuesta:** La imaginación es una herramienta poderosa que me permite visualizar y manifestar mis deseos. Es a través de mi imaginación que puedo crear escenarios y sentimientos asociados a mis metas, lo que luego influye en mis acciones y en las reacciones de los demás.

-

3. Reflexiona sobre la cita de William Blake: "Lo que parece ser, es para aquellos a quienes parece ser". ¿Cómo se relaciona esta idea con tu comprensión de la realidad subjetiva?

- **Respuesta:** Esta cita destaca que la realidad es a menudo subjetiva y está influida por nuestras creencias y percepciones. Me resulta familiar porque enfatiza la importancia de la autoconciencia y la necesidad de cultivar suposiciones positivas para percibir el mundo de una manera más constructiva.

-

4. Considere el caso de estudio del diseñador de vestuario. ¿Cómo puede afectar el cambio de su diálogo interno a sus circunstancias externas?

- **Respuesta:** Cambiar mi diálogo interno puede alterar significativamente mis circunstancias externas al modificar la forma en que percibo a los demás e interactúo con ellos. Como lo ilustra la experiencia del diseñador, una conversación interna más positiva puede conducir a mejores relaciones y resultados en el mundo externo.

-

5. ¿Qué suposiciones negativas tienes sobre ti mismo o sobre los demás? ¿Cómo puedes empezar a transformarlas en suposiciones positivas?

- **Respuesta:** Puedo tener suposiciones como "no soy lo suficientemente bueno" o "los demás no respetan mi trabajo". Para transformarlas, puedo practicar afirmaciones que refuercen mi autoestima y visualizar interacciones positivas con los demás, lo que me permitirá cultivar un sistema de creencias más empoderador.

-

6. ¿De qué manera la afirmación "tu asunción es la mano de Dios que moldea el firmamento a la imagen de aquello que tú asumes" te inspira a asumir la responsabilidad de tus creencias?

- **Respuesta:** Esta afirmación me inspira a reconocer el poder de mis creencias para moldear mi realidad. Me motiva a responsabilizarme de mis suposiciones y elegir activamente aquellas que se alinean con mis aspiraciones, sabiendo que tengo la capacidad de crear la vida que deseo.

-

7. ¿Qué conversaciones mentales mantiene usted con los demás y cómo afectan sus relaciones?

- **Respuesta:** A menudo me encuentro envuelto en conversaciones mentales críticas, en particular con colegas o amigos. Estos diálogos negativos pueden crear tensión y malentendidos en mis relaciones. Al cambiar la naturaleza de estas conversaciones para que sean más comprensivas y agradecidas, puedo mejorar mis interacciones.

-

8. ¿De qué manera puedes aplicar la ley de asunción para mejorar tus relaciones laborales o personales?

- **Respuesta:** Puedo aplicar la ley de la suposición eligiendo conscientemente asumir atributos positivos sobre mis colegas y familiares. Al visualizar interacciones exitosas y expresar gratitud por sus contribuciones, puedo fomentar un entorno más armonioso y productivo.

-

9. ¿Cómo la idea de que "no son los hechos, sino lo que creamos en nuestra imaginación lo que da forma a

nuestras vidas" cambia su perspectiva sobre los desafíos que enfrenta?

- **Respuesta:** Esta idea cambia mi perspectiva al recordarme que los desafíos a menudo pueden replantearse como oportunidades de crecimiento. Al centrarme en soluciones creativas e imaginar resultados positivos, puedo cambiar mi enfoque ante las dificultades y empoderarme para superarlas.

CAPÍTULO OCHO

RENUNCIACIÓN

"No hay carbón de carácter tan muerto que no brille y llame si no se le da una ligera vuelta".

"No resistas al mal".

"A cualquiera que te hiera en la mejilla derecha, vuélvele también la otra".

Hay una gran diferencia entre resistir el mal y renunciar a él.

Cuando te resistes al mal, le prestas tu atención, continúas haciéndolo realidad. Cuando renuncias al mal le quitas tu atención y le das tu atención a lo que quieres. Ahora es el momento de controlar tu imaginación y

"Dad hermosura en lugar de ceniza, alegría en lugar de luto, alabanza en lugar del espíritu afligido, para que sean llamados árboles de justicia, plantío del Señor para que Él sea glorificado".

Das belleza por cenizas cuando concentras tu atención en las cosas como te gustaría que fueran en vez de en las cosas como son. Das alegría por luto cuando mantienes una actitud alegre a pesar de las circunstancias desfavorables. Das alabanza por el espíritu de pesadumbre cuando mantienes una actitud confiada en lugar de sucumbir al abatimiento. En esta cita la Biblia utiliza la palabra árbol como sinónimo de hombre. Te conviertes en un árbol de justicia cuando los estados mentales anteriores son una parte permanente de tu conciencia. Usted es una plantación del Señor cuando todos sus pensamientos son pensamientos verdaderos. El es "YO SOY" como se describe en el Capitulo Uno. "YO SOY" es glorificado cuando tu concepto más elevado de ti mismo es manifestado.

Cuando hayas descubierto que tu propia imaginación controlada es tu salvadora, tu actitud se alterará completamente sin ninguna disminución del sentimiento religioso y dirás de tu imaginación controlada

"He aquí esta vid. La encontré un árbol silvestre, cuya fuerza gratuita se había hinchado en ramitas irregulares. Pero podé la planta y creció templada en su vano gasto de hojas inútiles, y se anudó como veis en estos racimos llenos y limpios para pagar a la mano que sabiamente la hirió."

Por vid se entiende tu imaginación que, en su estado incontrolado, gasta su energía en pensamientos y sentimientos inútiles o destructivos. Pero tú, al igual que la vid se poda cortando sus ramas y raíces inútiles, poda tu imaginación retirando tu atención de todas las ideas desagradables y destructivas y concentrándote en el ideal que deseas alcanzar. La vida más feliz y noble que experimentarás será el resultado de podar sabiamente tu propia imaginación. Sí, poda todos los pensamientos y sentimientos desagradables que puedas:

"Piensa con verdad, y tus pensamientos alimentarán el hambre del mundo; Habla con verdad, y cada una de tus palabras será una semilla fecunda; Vive con verdad, y tu vida será un credo grande y noble."

PREGUNTAS Y RESPUESTAS DE REFLEXIÓN

1. ¿Cuál es la diferencia entre resistir el mal y renunciar a él, según este capítulo?

- **Respuesta:** Resistirse al mal significa prestarle atención y energía, lo que puede hacer que parezca más real y significativo. En cambio, renunciar al mal implica retirarle la atención y centrarse en lo que uno desea, disminuyendo así su poder.

-

2. ¿Cómo puede el hecho de concentrarse en "las cosas como te gustaría que fueran" cambiar tu perspectiva sobre los desafíos actuales?

- **Respuesta:** Al centrarme en una visión ideal de lo que quiero en lugar de en las dificultades actuales, puedo cambiar mi mentalidad de una mentalidad de limitación a una de posibilidad. Esta perspectiva fomenta la resolución proactiva de problemas y fomenta un estado emocional más positivo.

-

3. Reflexiona sobre la frase "dar belleza en lugar de cenizas". ¿Cómo puedes aplicar este concepto en tu vida?

- **Respuesta:** Puedo aplicar este concepto buscando activamente encontrar los aspectos positivos en situaciones difíciles y transformando las experiencias negativas en oportunidades de crecimiento. Esto puede implicar practicar la gratitud, encontrar alegría en los pequeños momentos o buscar salidas creativas.

-

4. ¿Qué significa mantener una actitud alegre a pesar de las circunstancias desfavorables?

- **Respuesta:** Mantener una actitud alegre a pesar de los desafíos significa elegir conscientemente enfocarnos en la positividad y la esperanza, en lugar de dejarnos abrumar por la negatividad. Implica cultivar la resiliencia y encontrar razones para estar agradecidos, incluso en tiempos difíciles.

-

5. ¿Cómo puede la idea de podar tu imaginación afectar tus procesos de pensamiento?

- **Respuesta:** Podar mi imaginación me anima a ser consciente de mis pensamientos y emociones, eliminando ideas negativas o destructivas que no favorecen a mi yo superior. Esta práctica puede llevarme a una mentalidad más centrada y constructiva, lo que me permite alimentar pensamientos y aspiraciones positivas.

-

6. Considere la cita: "Piensa con sinceridad, y tus pensamientos saciarán el hambre del mundo". ¿Qué sugiere esto acerca del poder de los pensamientos verdaderos?

- **Respuesta:** Esta cita sugiere que los pensamientos verdaderos y positivos pueden tener un profundo impacto en el mundo que nos rodea. Al cultivar una mentalidad basada en la verdad y la positividad, puedo contribuir a una realidad más plena y abundante para mí y para los demás.

-

7. ¿Qué pensamientos desagradables o destructivos podrías necesitar eliminar de tu mente?

- **Respuesta:** Es posible que deba eliminar los pensamientos relacionados con la duda sobre mí mismo, el diálogo interno negativo o las creencias limitantes sobre mis capacidades. Identificar estos pensamientos me permite cuestionarlos y reemplazarlos con creencias empoderadoras que apoyen mi crecimiento y mis metas.

-

8. ¿Cómo resuena el concepto de ser un "árbol de justicia" con tu comprensión del crecimiento personal?

- **Respuesta:** La idea de ser un "árbol de justicia" coincide con mi creencia en la importancia de nutrir mi carácter y mis valores. Así como un árbol sano da sombra y frutos, me esfuerzo por desarrollar una base sólida de pensamientos y acciones positivas que me beneficien a mí y a quienes me rodean.

-

9. ¿De qué manera puedes practicar cómo mantener una actitud confiada en medio del desánimo?

- **Respuesta:** Puedo practicar el mantenimiento de una actitud segura estableciendo metas pequeñas y alcanzables y celebrando mi progreso, rodeándome de personas que me apoyen y participando en actividades de cuidado personal que mejoren mi estado de ánimo. La visualización y las afirmaciones también pueden reforzar una actitud mental segura.

-

10. Reflexiona sobre cómo puedes glorificar tu concepto más elevado de ti mismo a través de la imaginación controlada.

- **Respuesta:** Puedo glorificar el concepto más elevado que tengo de mí mismo visualizando regularmente mi yo ideal y encarnando las cualidades que admiro. Esto implica practicar constantemente la autoafirmación y participar en acciones que se alineen con mis valores, transformando en última instancia mi imaginación en una poderosa herramienta para el desarrollo personal.

CAPÍTULO NUEVE

PREPARANDO TU LUGAR

"Y todos los míos son tuyos, y los tuyos son míos;"

JUAN 17:10

"Mete tu hoz y siega, porque el tiempo de segar te ha llegado, pues la mies de la tierra está madura."

APOCALIPSIS 14:15

Todo es tuyo. No vayas buscando lo que eres. Apropiatelo, reclámalo, asúmelo. Todo depende del concepto que tengas de ti mismo. Aquello que no reivindicas como verdad de ti mismo, no puede ser realizado por ti. La promesa es

"Al que tiene, se le dará, y tendrá en abundancia; pero al que no tiene, se le quitará hasta lo que parece tener".

Aférrate, en tu imaginación, a todo lo que es bello y de buena fama, porque lo bello y lo bueno son esenciales en tu vida para que ésta merezca la pena. Asúmelo. Para ello, imagina que ya eres lo que quieres ser y que ya tienes lo que quieres tener.

"Como un hombre piensa en su corazón, así es él".

Quédate quieto y sabe que eres lo que deseas ser, y nunca tendrás que buscarlo.

A pesar de tu apariencia de libertad de acción, obedeces, como todo lo demás, a la ley de la suposición.

Independientemente de lo que pienses sobre la cuestión del libre albedrío, lo cierto es que tus experiencias a lo largo de la vida están determinadas por tus suposiciones, ya sean conscientes o inconscientes. Una suposición construye un puente de incidentes que conducen inevitablemente al cumplimiento de sí misma.

El hombre cree que el futuro es el desarrollo natural del pasado. Pero la ley de la suposición muestra claramente que no es así. Tu suposición te sitúa psicológicamente donde no estás físicamente; entonces tus sentidos te hacen retroceder desde donde estabas psicológicamente hasta donde estás físicamente. Son estos movimientos psicológicos hacia delante los que producen tus movimientos físicos hacia delante en el tiempo. La precognición impregna todas las escrituras del mundo.

"En la casa de mi Padre hay muchas moradas; si no fuera así, os lo habría dicho. Voy a prepararos un lugar. Y si me fuere y os preparare lugar, vendré otra vez, y os tomaré a mí mismo, para que donde yo estoy, vosotros también estéis Y ahora os lo he dicho antes que suceda, para que cuando suceda, creáis."

JUAN 14:2, 3, 29

El "yo" en esta cita es tu imaginación que va al futuro, a una de las muchas mansiones. La mansión es el estado deseado... contar un acontecimiento antes de que ocurra físicamente es simplemente sentirte a ti mismo en el estado deseado hasta que tenga el tono de la realidad. Vas y preparas un lugar para ti imaginándote a ti mismo en el sentimiento de tu deseo cumplido. Luego, aceleras desde este estado del deseo cumplido -donde no has estado físicamente- hasta donde estabas físicamente hace un momento. Entonces, con un irresistible movimiento hacia delante, avanzas a través de una serie de acontecimientos hasta la realización física de tu deseo de que donde has estado en la imaginación, allí estarás también en la carne.

"Al lugar de donde vienen los ríos, allí vuelven".

ECLES. 1:7

PREGUNTAS Y RESPUESTAS DE REFLEXIÓN

1. ¿Qué implica la frase "Todo es tuyo" acerca de tu potencial y tus capacidades?

- **Respuesta:** Esta frase implica que todo lo que deseo y aspiro a lograr ya está a mi alcance. Me anima a reconocer mi potencial inherente y a apropiarme de mis aspiraciones al reclamarlas como parte de mi identidad.

-

2. ¿Cómo puedes aplicar el concepto de "apropiarte" y "reclamar" tus deseos en tu vida diaria?

- **Respuesta:** Puedo aplicar este concepto visualizando activamente mis metas como ya cumplidas, utilizando afirmaciones que refuercen mi identidad como la persona que quiero ser y tomando medidas prácticas que se alineen con mis aspiraciones, integrándolas así en mi autoconcepto.

-

3. Reflexiona sobre la cita: "Como un hombre piensa en su corazón, tal es él". ¿Cómo se relaciona esto con tu comprensión de la autopercepción?

- **Respuesta:** Esta cita resuena profundamente con mi comprensión de que mis pensamientos y creencias sobre mí mismo moldean mi realidad. Al cultivar una autopercepción positiva, puedo influir en mis acciones y experiencias para que se alineen con mis verdaderos deseos.

-

4. ¿De qué manera cree usted que su pasado ha moldeado sus suposiciones sobre su futuro?

- **Respuesta:** Creo que mis experiencias pasadas, tanto positivas como negativas, han creado ciertas suposiciones sobre lo que puedo lograr. Estas suposiciones pueden limitar mi potencial si me concentro únicamente en las limitaciones pasadas en lugar de en las posibilidades de crecimiento y cambio.

-

5. ¿En qué se diferencia la ley de asunción de la creencia en el libre albedrío, según este capítulo?

- **Respuesta:** La ley de la suposición sugiere que mis experiencias están determinadas en gran medida por mis suposiciones, ya sean conscientes o inconscientes, más que por el libre albedrío. Esto significa que mi mentalidad y mis creencias guían mis acciones y resultados más que las decisiones o circunstancias aleatorias.

-

6. ¿Qué significa "prepararse un lugar" a través de la imaginación?

- **Respuesta:** Prepararme un lugar a través de la imaginación significa visualizar activamente y experimentar emocionalmente el estado que deseo alcanzar, haciéndolo sentir real para mí. Esta preparación mental me permite alinear mis acciones y mi mentalidad con ese estado deseado.

-

7. Reflexiona sobre la idea de "sentir que alcanzas el estado deseado". ¿Cómo puede esta práctica afectar tu estado emocional y tu motivación?

- **Respuesta:** Esta práctica puede mejorar significativamente mi estado emocional al infundirme una sensación de confianza y positividad sobre mi futuro. Me motiva a actuar porque empiezo a creer en la realidad de mis aspiraciones, lo que puede llevarme a una profecía autocumplida.

-

8. ¿Cómo puede la noción de "avanzar a través de una serie de eventos" ayudarle a alcanzar sus objetivos?

- **Respuesta:** Esta noción refuerza la idea de que cada paso que doy hacia mis metas es parte de un viaje más grande influenciado por mis suposiciones. Al visualizar el resultado que deseo y confiar en el proceso, puedo mantenerme centrado y ser resiliente, y enfrentar los desafíos con la convicción de que estoy avanzando hacia mis aspiraciones.

-

9. Considere el versículo que dice: "En la casa de mi Padre muchas moradas hay". ¿Cómo se relaciona esto con el concepto de múltiples posibilidades en su vida?

- **Respuesta:** Esta escritura sugiere que existen innumerables posibilidades y estados de ser a mi disposición. Me anima a explorar diferentes caminos y a creer que puedo acceder a diversos resultados a través de mi imaginación y mis suposiciones.

-

10. ¿Qué medidas puedes tomar para garantizar que tu imaginación esté preparando activamente el futuro que deseas?

- **Respuesta:** Puedo asegurarme de que mi imaginación esté preparando el futuro que deseo si dedico tiempo a la visualización, practico la atención plena para estar atento a mis pensamientos y reafirmo constantemente mis objetivos. Además, puedo llevar un diario sobre mis aspiraciones para consolidar mi visión y hacer un seguimiento de mi progreso.

CAPÍTULO DIEZ

CREACIÓN

"Yo soy Dios, que declaro el fin desde el principio, y desde la antigüedad las cosas que aún no se han hecho".

ISAÍAS 46:10

La creación está acabada. La creatividad es sólo una receptividad más profunda, ya que todo el contenido de todo el tiempo y todo el espacio, mientras se experimenta en una secuencia temporal, en realidad coexiste en un infinito y eterno ahora. En otras palabras, todo lo que has sido o serás, de hecho, todo lo que la humanidad ha sido o será, existe ahora. Esto es lo que se entiende por creación, y la afirmación de que la creación está acabada significa que nunca se creará nada, sólo se manifestará. Lo que se llama creatividad es sólo tomar conciencia de lo que ya es. Simplemente te haces consciente de porciones cada vez mayores de lo que ya existe. El hecho de que nunca puedas ser algo que no eres ya o experimentar algo que no existe ya explica la experiencia de tener un sentimiento agudo de haber oído antes lo que se dice, o de haber conocido antes a la persona que se conoce por primera vez, o de haber visto antes un lugar o una cosa que se ve por primera vez.

Toda la creación existe en ti y tu destino es ser cada vez más consciente de sus infinitas maravillas y experimentar porciones cada vez mayores y más grandiosas de ella.

Si la creación está terminada, y todos los acontecimientos tienen lugar ahora, la pregunta que surge naturalmente en la mente es "¿qué determina tu trayectoria temporal?". Es decir,

¿qué determina los acontecimientos con los que te encuentras? Y la respuesta es el concepto que tienes de ti mismo. Los conceptos determinan la ruta que sigue la atención.

He aquí una buena prueba para demostrar este hecho. Asume el sentimiento de tu deseo cumplido y observa la ruta que sigue tu atención. Observarás que mientras permanezcas fiel a tu suposición, tu atención se verá confrontada con imágenes claramente relacionadas con esa suposición. Por ejemplo; si supones que tienes un negocio maravilloso, notarás cómo en tu imaginación tu atención se centra en un incidente tras otro relacionado con esa suposición. Los amigos te felicitan, te dicen lo afortunado que eres. Otros se muestran envidiosos y críticos. A partir de ahí, su atención se dirige a oficinas más grandes, mayores saldos bancarios y muchos otros acontecimientos relacionados de forma similar. Si persiste en esta suposición, acabará experimentando de hecho lo que suponía.

Lo mismo ocurre con cualquier concepto. Si el concepto que tienes de ti mismo es que eres un fracasado, encontrarás en tu imaginación toda una serie de incidentes de acuerdo con ese concepto.

Así se ve claramente cómo tú, por tu concepto de ti mismo, determinas tu presente, es decir, la porción particular de la creación que experimentas ahora, y tu futuro, es decir, la porción particular de la creación que experimentarás.

PREGUNTAS Y RESPUESTAS DE REFLEXIÓN

1. ¿Qué implica la frase "la creación está terminada" acerca de la naturaleza de la realidad y nuestros deseos?

- **Respuesta:** Esta frase implica que todo lo que deseamos o a lo que aspiramos ya existe en forma potencial. Nuestro papel no es crear de nuevo, sino tomar conciencia de lo que ya está disponible y manifestarlo, desplazando nuestro foco hacia esas realidades en lugar de crearlas desde cero.

-

2. ¿Cómo cambia tu perspectiva sobre el tiempo y tus experiencias personales la idea de que todos los acontecimientos existen en un "ahora infinito y eterno"?

- **Respuesta:** Esta idea sugiere que el tiempo no es lineal en la forma en que lo percibimos a menudo, sino que todas las experiencias coexisten simultáneamente. Esta perspectiva me permite darme cuenta de que mi pasado, mi presente y mi futuro están interconectados, y que puedo influir en mi futuro cambiando mis creencias y suposiciones en el presente.

-

3. ¿De qué manera tu autoconcepto influye en las experiencias y eventos que enfrentas?

- **Respuesta:** Mi autoconcepto actúa como un filtro que determina lo que percibo y experimento. Si creo en mis capacidades y en mi valía, es más probable que perciba oportunidades e interacciones positivas. Por el contrario, si me considero inadecuado, es posible que solo perciba fracasos u obstáculos.

-

4. Reflexiona sobre la afirmación: "La persistencia en esta suposición dará como resultado que experimentes en la realidad aquello que supusiste". ¿Cómo se relaciona esto con tus experiencias de vida?

- **Respuesta:** Esto coincide mucho con mis experiencias de vida. He notado que cuando mantengo una actitud positiva y afirmo mis objetivos, tiendo a atraer resultados y oportunidades similares. Sin embargo, cuando me concentro en suposiciones negativas, a menudo me encuentro en situaciones que refuerzan esas creencias.

-

5. ¿Cómo puedes aplicar el concepto de "asumir el sentimiento de tu deseo cumplido" a tus metas personales?

- **Respuesta:** Puedo aplicar este concepto visualizando y encarnando activamente las emociones asociadas con el logro de mis objetivos. Al sentir que ya los he logrado, puedo alinear mis pensamientos y acciones hacia la realización de esos deseos, haciéndolos más alcanzables.

-

6. Considere el ejemplo dado sobre el éxito empresarial. ¿Cómo se puede adaptar este método a otras áreas de la vida, como las relaciones o la salud?

- **Respuesta:** Puedo adaptar este método suponiendo resultados positivos en mis relaciones y en mi salud. Por ejemplo, puedo visualizar relaciones enriquecedoras llenas de alegría y apoyo o imaginar mi cuerpo saludable y vibrante. Esta atención enfocada guiará mis acciones y pensamientos para hacer realidad esas suposiciones.

-

7. ¿Qué significa "observar la ruta que sigue tu atención"? ¿Cómo puede esta práctica mejorar tu autoconciencia?

- **Respuesta:** Observar la ruta que sigue mi atención significa estar atento a dónde se dirigen mis pensamientos y cómo se correlacionan con mis creencias. Esta práctica puede mejorar mi autoconciencia al revelar patrones en mi pensamiento que apoyan o dificultan mi crecimiento personal, lo que me permite cambiar conscientemente mi enfoque.

-

8. ¿Cómo se alinea el concepto de "conceptos que determinan la ruta que sigue la atención" con tu comprensión de la Ley de Atracción?

- **Respuesta:** Este concepto se alinea estrechamente con la Ley de Atracción, que postula que enfocarse en pensamientos y sentimientos positivos atrae experiencias similares. Ambas ideas sugieren que aquello en lo que me concentro moldeará mi realidad, lo que refuerza la importancia de mantener un autoconcepto positivo.

-

9. Piensa en un momento en el que tu concepto de ti mismo limitó tus experiencias. ¿Cómo puedes trabajar para cambiar esa narrativa?

- Respuesta: Recuerdo una época en la que creía que no era capaz de triunfar en mi carrera, lo que me llevó a rehuir las oportunidades. Para cambiar esa narrativa, puedo desafiar esas creencias estableciendo metas pequeñas y alcanzables, celebrando mis éxitos y afirmando activamente mis capacidades.

-

10. ¿Qué medidas puedes tomar para garantizar que tu autoconcepto esté alineado con el futuro que deseas crear?

- Respuesta: Puedo tomar medidas como practicar la visualización con regularidad, hacer afirmaciones positivas, rodearme de personas que me apoyen y buscar experiencias que refuercen el concepto que deseo de mí mismo. Además, llevar un diario sobre mis objetivos y éxitos puede ayudar a consolidar esta alineación.

CAPÍTULO ONCE

INTERFERENCIA

Eres libre de elegir el concepto que aceptas de ti mismo. Por lo tanto, posees el poder de intervención, el poder que te permite alterar el curso de tu futuro. El proceso de elevarte desde tu concepto actual a un concepto más elevado de ti mismo es el medio de todo progreso verdadero. El concepto superior está esperando a que lo encarnes en el mundo de la experiencia.

"A Aquel que es poderoso para hacer todas las cosas mucho más abundantemente de lo que pedimos o entendemos, según el poder que actúa en nosotros. A él sea la gloria".

EPH. 3:20

Aquel que es capaz de hacer más de lo que puedes pedir o pensar, es tu imaginación, y el poder que obra en nosotros es tu atención. Entendiendo que la imaginación es ÉL, que es capaz de hacer todo lo que pides, y que la atención es el poder con el que creas tu mundo, ahora puedes construir tu mundo ideal. Imagina que eres el ideal que sueñas y deseas. Permanece atento a este estado imaginado y tan rápido como sientas completamente que ya eres este ideal se manifestará como realidad en tu mundo.

"Estaba en el mundo, y el mundo fue hecho por él, y el mundo no le conoció".

"El misterio escondido desde los siglos: Cristo en vosotros, la esperanza de gloria".

El "Él", en la primera de estas citas, es tu imaginación. Como se explicó anteriormente, sólo hay una sustancia. Esta sustancia es la conciencia. Es tu imaginación la que forma esta sustancia en conceptos, que luego se manifiestan como condiciones, circunstancias y objetos físicos. Así la imaginación hizo tu mundo. Esta verdad suprema, con pocas excepciones, el hombre no es consciente de ella.

El misterio, Cristo en ti, al que se refiere la segunda cita, es tu imaginación, mediante la cual se moldea tu mundo. La esperanza de gloria es tu conciencia de la capacidad de elevarte perpetuamente a niveles superiores.

Cristo no se encuentra en la historia ni en las formas externas. Sólo encontrarás a Cristo cuando seas consciente de que tu imaginación es el único poder redentor. Cuando esto se descubra, las "torres del dogma habrán oído las trompetas de la Verdad y, como los muros de Jericó, se desmoronarán".

PREGUNTAS Y RESPUESTAS DE REFLEXIÓN

1. ¿Qué significa tener el "poder de intervención" para dar forma a tu futuro?

- Respuesta: El poder de intervención significa que tengo la capacidad de cambiar mis circunstancias y mi futuro eligiendo y cultivando conscientemente un concepto más elevado de mí mismo. Hace hincapié en que mis pensamientos y creencias pueden influir directamente en los resultados que experimento.

-

2. ¿Cómo puedes aplicar la idea de elevarte desde tu concepto actual a un concepto más elevado de ti mismo en tu vida diaria?

- Respuesta: Puedo aplicar esta idea evaluando periódicamente mi autoconcepto e identificando creencias limitantes. Al establecer metas específicas que reflejen mi yo superior y practicar técnicas de visualización, puedo cultivar una mentalidad que se alinee con mis aspiraciones.

-

3. ¿De qué manera puede la imaginación servir como herramienta transformadora en tu vida?

- Respuesta: La imaginación es una herramienta transformadora que me permite visualizar y encarnar mi yo ideal y las circunstancias deseadas. Al poner en práctica mi imaginación, puedo crear nuevas posibilidades y experiencias en mi vida que se alineen con mis verdaderos deseos.

-

4. ¿Qué papel juega la atención en el proceso de manifestación de tu yo ideal?

- **Respuesta:** La atención desempeña un papel crucial en la manifestación de mi yo ideal, ya que dirige mi atención hacia los sentimientos y pensamientos asociados con ese ideal. Al prestar atención constantemente a mi estado imaginado, refuerzo esa realidad y atraigo experiencias que se alinean con ella.

-

5. Reflexione sobre la afirmación: "Él estaba en el mundo, y el mundo por medio de él fue hecho". ¿Cómo se relaciona esto con su comprensión del albedrío personal?

- **Respuesta:** Esta afirmación destaca que tengo el poder de moldear mi mundo a través de mi imaginación y mis creencias. Refuerza mi comprensión de la autonomía personal y me recuerda que mis pensamientos y mi creatividad pueden influir en mi realidad, en lugar de ser observadores pasivos de la vida.

-

6. ¿Cómo se relaciona el concepto de "Cristo en ti" con tu propio poder creativo?

- **Respuesta:** El concepto de "Cristo en ti" simboliza el potencial creativo que hay en mí, particularmente a través de mi imaginación. Destaca que mi capacidad de visualizar y aspirar a estados superiores de ser es un aspecto fundamental de mi crecimiento y transformación personal.

-

7. ¿Qué significa para ti cuando se dice que "la imaginación creó tu mundo"?

- **Respuesta:** Significa que mis percepciones y creencias moldean mi realidad. Las experiencias que tengo son un reflejo directo de mi imaginación y de los conceptos que tengo, lo que me anima a cultivar un diálogo interno más empoderador y constructivo.

-

8. ¿De qué manera has experimentado la manifestación de tus suposiciones en tu vida?

- **Respuesta:** He experimentado la manifestación cuando he creído en mi potencial, lo que ha dado lugar a resultados positivos, como ofertas de trabajo o logros personales. Por el contrario, las ocasiones en las que he dudado de mí mismo han dado lugar a oportunidades perdidas o reveses.

-

9. ¿Cómo puede cambiar tu enfoque de la espiritualidad y el crecimiento personal comprender que "Cristo no se encuentra en la historia ni en las formas externas"?

- **Respuesta:** Esta comprensión me anima a mirar hacia dentro para encontrar mi poder y potencial en lugar de buscar validación u orientación únicamente en fuentes externas. Impulsa un enfoque más personal e introspectivo de la espiritualidad, donde reconozco mi creatividad y fortaleza internas.

-

10. ¿Qué prácticas puedes incorporar a tu vida para fortalecer tu imaginación y mejorar tu atención en los resultados deseados?

- **Respuesta:** Puedo incorporar prácticas como ejercicios diarios de visualización, llevar un diario de mis metas y aspiraciones, afirmaciones y meditación consciente. Estas prácticas me ayudarán a mantener el foco en mi yo ideal y en las experiencias que deseo manifestar.

CAPÍTULO DOCE
CONTROL SUBJETIVO

Tu imaginación es capaz de hacer todo lo que le pides en proporción al grado de tu atención. Todo progreso, toda realización del deseo, dependen del control y de la concentración de tu atención. La atención puede ser atraída desde el exterior o dirigida desde el interior. La atención es atraída desde el exterior cuando estás conscientemente ocupado con las impresiones externas del presente inmediato. Las líneas de esta página atraen tu atención desde el exterior. Tu atención se dirige desde dentro cuando eliges deliberadamente lo que te va a preocupar mentalmente. Es obvio que en el mundo objetivo tu atención no sólo es atraída por las impresiones externas, sino que es dirigida constantemente hacia ellas. Pero, tu control en el estado subjetivo es casi inexistente, porque en este estado la atención es usualmente el sirviente y no el amo-el pasajero y no el navegante-de tu mundo. Hay una enorme diferencia entre la atención dirigida objetivamente y la atención dirigida subjetivamente, y la capacidad de cambiar tu futuro depende de esta última. Cuando eres capaz de controlar los movimientos de tu atención en el mundo subjetivo, puedes modificar o alterar tu vida a tu antojo. Pero este control no puede lograrse si permites que tu atención sea atraída constantemente desde el exterior. Cada día, ponte la tarea de retirar deliberadamente tu atención del mundo objetivo y de enfocarla subjetivamente. En otras palabras, concéntrate en aquellos pensamientos o estados de ánimo que determines deliberadamente. Entonces las cosas que ahora te limitan se desvanecerán y desaparecerán. El día que consigas controlar los movimientos de tu atención en el mundo subjetivo, serás dueño de tu destino.

Ya no aceptarás el dominio de condiciones o circunstancias externas. No aceptarás la vida sobre la base del mundo exterior. Habiendo logrado el control de los movimientos de tu atención, y habiendo descubierto el misterio oculto desde los siglos, que Cristo en ti es tu imaginación, afirmarás la supremacía de la imaginación y pondrás todas las cosas en sujeción a ella.

PREGUNTAS Y RESPUESTAS DE REFLEXIÓN

1. ¿Qué significa tener "control subjetivo" sobre tu atención?

- **Respuesta:** El control subjetivo significa poder dirigir conscientemente mi atención hacia pensamientos, sentimientos e ideas específicos en lugar de dejarme influenciar pasivamente por distracciones externas. Me permite moldear mi experiencia interna y, en consecuencia, mi realidad externa.

-

2. ¿Cómo puedes practicar dirigir tu atención desde dentro, en lugar de dejar que sea atraída desde fuera?

- **Respuesta:** Puedo practicar la dirección de mi atención reservando un momento cada día para meditar o hacer ejercicios de visualización, en los que me concentre únicamente en los resultados que deseo o en los sentimientos positivos. Al elegir conscientemente en qué pensar, puedo entrenar mi mente para que permanezca centrada en mis intenciones.

-

3. ¿De qué manera has notado que tu atención se ve influenciada por factores externos?

- **Respuesta:** A menudo, mi atención se ve atraída por las notificaciones de las redes sociales, las noticias o las conversaciones que suceden a mi alrededor, lo que puede generar distracciones o emociones negativas. Reconocer esto me ayuda a comprender la importancia de ser más intencional con mi enfoque.

-

4. ¿Qué impacto tiene el control de tu atención en tu capacidad para satisfacer tus deseos?

- **Respuesta:** Controlar mi atención me permite concentrarme en los sentimientos y creencias asociados a mis deseos, haciéndolos más vívidos y reales en mi mente. Este enfoque mejora mi motivación y alinea mis acciones con mis objetivos, aumentando la probabilidad de alcanzarlos.

-

5. ¿Cómo interpretas la afirmación: "Eres dueño de tu destino"?

- **Respuesta:** Esta afirmación implica que tengo el poder de moldear mi vida y mis experiencias a través de las decisiones que tomo sobre dónde enfocar mi atención. Al dominar mis pensamientos y creencias, puedo crear un futuro que se alinee con mis deseos en lugar de ser una víctima de las circunstancias.

-

6. Piensa en una ocasión en la que dirigiste conscientemente tu atención y lograste un resultado positivo. ¿Qué aprendiste de esa experiencia?

- **Respuesta:** Una vez me fijé una meta para una presentación en el trabajo. Al visualizar mi éxito y concentrarme en afirmaciones positivas que me llevaran a lograrlo, me sentí más seguro y preparado. Esta experiencia me enseñó la importancia de mantener un enfoque mental positivo y los beneficios tangibles que puede traer.

-

7. ¿Qué técnicas puedes utilizar para desviar tu atención de las distracciones externas de manera efectiva?

- **Respuesta:** Las técnicas que puedo utilizar incluyen la meditación consciente, llevar un diario para aclarar mis pensamientos e intenciones y crear un entorno dedicado y libre de distracciones cuando quiero concentrarme en objetivos específicos. Establecer límites con la tecnología también puede ayudarme a mantener la concentración.

-

8. ¿Cómo cambia tu perspectiva sobre el poder y la creatividad personal el reconocer que "Cristo en ti es tu imaginación"?

- **Respuesta:** Este reconocimiento pone de relieve que mi imaginación es una fuente vital de poder creativo dentro de mí. Cambia mi perspectiva de buscar la validación externa a comprender que poseo la capacidad intrínseca de crear y manifestar mi realidad a través de mis pensamientos y mi imaginación.

-

9. ¿De qué manera el control sobre tu atención subjetiva puede influir en tu bienestar emocional?

- **Respuesta:** Lograr el control sobre mi atención subjetiva puede llevarme a un mayor bienestar emocional al permitirme centrarme en pensamientos y sentimientos positivos. Me ayuda a manejar el estrés y la ansiedad al desviar mi atención de experiencias o preocupaciones negativas, fomentando una mentalidad más optimista.

-

10. ¿Qué pasos darás para desarrollar un mayor dominio sobre tu atención e imaginación?

- **Respuesta:** Me comprometeré a practicar diariamente la atención plena o la meditación, crearé un tablero de visión para mantener visibles mis objetivos y reflexionaré periódicamente sobre mis pensamientos para asegurarme de que se alineen con los resultados que deseo. Al practicar estas técnicas de manera constante, puedo fortalecer mi dominio sobre mi atención y mi imaginación.

CAPÍTULO TRECE
ACEPTACIÓN

"Las Percepciones del Hombre no están limitadas por los órganos de Percepción: percibe más de lo que el sentido (aunque siempre tan agudo) puede descubrir".

Por mucho que parezca que vives en un mundo material, en realidad vives en un mundo de imaginación. Los acontecimientos exteriores y físicos de la vida son el fruto de florecimientos olvidados de estados de conciencia anteriores y, por lo general, olvidados. Son los fines que corren fieles a orígenes imaginativos a veces olvidados.

Cada vez que te quedas completamente absorto en un estado emocional, estás en ese momento asumiendo el sentimiento del estado realizado. Si persiste en ello, todo aquello por lo que se sienta intensamente emocionado lo experimentará en su mundo. Estos períodos de absorción, de atención concentrada, son los comienzos de las cosas que cosechas. Es en esos momentos cuando ejerces tu poder creativo, el único poder creativo que existe. Al final de estos períodos, o momentos de absorción, pasas rápidamente de estos estados imaginativos (donde no has estado físicamente) a donde estabas físicamente hace un instante. En estos periodos el estado imaginado es tan real que cuando vuelves al mundo objetivo y descubres que no es igual que el estado imaginado, es un verdadero shock. Has visto algo en la imaginación con tal viveza que ahora te preguntas si la evidencia de tus sentidos puede ahora ser creída y como Keats te preguntas,

"¿fue una visión o un sueño despierto?

¿Fue esa música? ¿Estoy despierto o dormido?".

Este shock invierte tu sentido del tiempo. Con esto se quiere decir que en lugar de que tu experiencia sea el resultado de tu pasado, ahora se convierte en el resultado de estar en la imaginación donde aún no has estado físicamente. En efecto, esto te mueve a través de un puente de incidentes a la realización física de tu estado imaginado. El hombre que a voluntad puede asumir cualquier estado que le plazca ha encontrado las llaves del Reino de los Cielos. Las llaves son el deseo, la imaginación y una atención constantemente enfocada en el sentimiento del deseo cumplido. Para un hombre así, cualquier hecho objetivo indeseable deja de ser una realidad y el deseo ardiente deja de ser un sueño.

"Probadme ahora en esto, dice Jehová de los ejércitos, si no os abriré las ventanas de los cielos, y derramaré sobre vosotros bendición hasta que sobreabunde".

MALACHI 3:10

Puede que las ventanas del cielo no se abran ni los tesoros se apoderen por una voluntad fuerte, pero se abren por sí mismas y presentan sus tesoros como un don gratuito, un don que llega cuando la absorción alcanza tal grado que resulta en un sentimiento de aceptación completa. El paso de tu estado actual a la sensación de tu deseo cumplido no es a través de una brecha. Hay continuidad entre lo llamado real e irreal. Para cruzar de un estado al otro, simplemente extiende tus antenas, confía en tu tacto y entra de lleno en el espíritu de lo que estás haciendo.

"No con fuerza ni con poder, sino con mi espíritu, dice el Señor de los ejércitos".

Asume el espíritu, el sentimiento del deseo cumplido, y habrás abierto las ventanas para recibir la bendición. Asumir un estado es entrar en su espíritu. Tus triunfos sólo serán una sorpresa para quienes no conocieron tu paso oculto del estado de anhelo a la asunción del deseo cumplido.

El Señor de los ejércitos no responderá a tu deseo hasta que no hayas asumido el sentimiento de ser ya lo que quieres ser, pues la aceptación es el canal de Su acción. La aceptación es el Señor de los ejércitos en acción.

PREGUNTAS Y RESPUESTAS DE REFLEXIÓN

1. ¿Qué significa vivir en un "mundo de imaginación" y no en un mundo puramente material?

- **Respuesta:** Vivir en un mundo de imaginación significa que nuestras experiencias y percepciones están condicionadas por nuestros pensamientos, creencias y estados emocionales, más que por circunstancias físicas externas. Esto pone de relieve la importancia de nuestro mundo interior en la creación de nuestra realidad exterior.

-

2. ¿Cómo puedes identificar momentos de "absorción total" en tu vida y cómo afectan estos momentos a tu realidad?

- **Respuesta:** Puedo identificar momentos de total absorción en los que pierdo la noción del tiempo mientras me concentro en algo que me apasiona o en lo que estoy emocionalmente involucrado. Durante estos momentos, estoy más en contacto con mi poder creativo y la intensidad de mis sentimientos puede manifestarse como experiencias reales en mi vida.

-

3. Piensa en alguna ocasión en la que hayas experimentado un shock al regresar de un estado imaginativo. ¿Qué te enseñó esa experiencia?

- **Respuesta:** Recuerdo una ocasión en la que imaginé vívidamente un resultado exitoso para un proyecto. Cuando la realidad no coincidía con esa visión, sentí una sensación de disonancia. Esta experiencia me enseñó que mi imaginación tiene el potencial de moldear mi realidad, pero se requiere paciencia y persistencia para alinear mi mundo externo con mis visiones internas.

-

4. ¿Qué papel juegan el deseo, la imaginación y la atención concentrada en el logro de sus objetivos?

- Respuesta: El deseo enciende mi motivación, la imaginación me ayuda a visualizar mis metas y la atención enfocada me permite sumergirme en la sensación de alcanzar esas metas. Juntos, crean una fuerza poderosa que puede llevar a la manifestación de mis deseos.

-

5. ¿De qué manera puedes practicar la "aceptación completa" de tus deseos para facilitar su manifestación?

- Respuesta: Puedo practicar la aceptación total afirmando que mis deseos ya son míos, visualizando mi vida como deseo que sea y liberando cualquier duda o temor. Al encarnar el sentimiento de que mis deseos se han cumplido, creo una alineación interna que hace que la manifestación sea más probable.

-

6. ¿Cómo resuena en tus experiencias la afirmación "el deseo ardiente ya no es un sueño"?

- Respuesta: Esta afirmación me resulta familiar porque a menudo he vivido momentos en los que mis deseos parecían lejanos o inalcanzables. Sin embargo, cuando acepté plenamente la sensación de que esos deseos eran reales, dejaron de ser meros sueños para convertirse en posibilidades tangibles.

-

7. ¿Qué significa asumir el espíritu del deseo cumplido y cómo puedes incorporar esta práctica a tu vida diaria?

- Respuesta: Asumir el espíritu del deseo cumplido significa encarnar las emociones y la mentalidad de haber logrado ya mis deseos. Puedo incorporar esto comenzando cada día con ejercicios de visualización, donde imagino vivir la vida que deseo y sumergirme en los sentimientos asociados.

-

8. Considere la idea de que "la aceptación es el canal de Su acción". ¿Cómo puede este concepto influir en su manera de abordar los desafíos?

- Respuesta: Este concepto me recuerda que la aceptación puede cambiar mi perspectiva sobre los desafíos. En lugar de resistirme o lamentarme por las dificultades, puedo concentrarme en aceptar mi situación actual y, al mismo tiempo, mantener una visión del resultado que deseo, lo que me permite una mayor fluidez y creatividad para enfrentar los obstáculos.

-

9. ¿Qué técnicas puedes utilizar para profundizar tus periodos de absorción y potenciar tu poder imaginativo?

- **Respuesta:** Las técnicas que puedo utilizar incluyen la meditación para calmar mi mente, llevar un diario para aclarar mis deseos y reservar un tiempo específico para visualizar y relacionarme emocionalmente con mis objetivos. Crear un entorno tranquilo también puede ayudar a mejorar mi concentración y concentración.

-

10. ¿Cómo puedes asegurarte de que tus suposiciones sobre ti mismo y tus deseos se alineen con tus objetivos?

- **Respuesta:** Puedo evaluar periódicamente mis creencias y mi diálogo interno para identificar cualquier suposición limitante. Al reemplazar conscientemente las creencias negativas o limitantes con afirmaciones y visualizaciones empoderantes, puedo crear una mentalidad que se alinee con mis objetivos y apoye mi camino hacia su logro.

CAPÍTULO CATORCE

EL CAMINO SIN ESFUERZO

El principio de "mínima acción" lo rige todo en física, desde la trayectoria de un planeta hasta la de un pulso de luz. La mínima acción es el mínimo de energía multiplicado por el mínimo de tiempo. Por lo tanto, al pasar de tu estado actual al estado deseado, debes utilizar el mínimo de energía y tardar el menor tiempo posible. Tu viaje de un estado de conciencia a otro es psicológico, por lo que, para realizar el viaje, debes emplear el equivalente psicológico de la "mínima acción" y el equivalente psicológico es la mera suposición.

El día que te des cuenta plenamente del poder de la suposición, descubrirás que funciona en total conformidad con este principio. Funciona por medio de la atención, menos el esfuerzo. Así, con la menor acción a través de una suposición te apresuras sin prisa y alcanzas tu meta sin esfuerzo.

Porque la creación está terminada, lo que deseas ya existe. Está excluido de la vista porque sólo puedes ver el contenido de tu propia conciencia. La función de una suposición es recuperar la visión excluida y restaurar la visión completa. Lo que cambia no es el mundo, sino tus suposiciones. Una suposición permite ver lo invisible. No es ni más ni menos que ver con el ojo de Dios, es decir, con la imaginación.

"Porque el Señor no ve como ve el hombre, pues el hombre mira la apariencia exterior, pero el Señor mira el corazón".

El corazón es el órgano primario de los sentidos, de ahí que sea la primera causa de la experiencia. Cuando miras "al corazón" estás mirando tus suposiciones: las suposiciones determinan tu experiencia. Vigila tus suposiciones con toda diligencia porque de ellas salen las cuestiones de la vida. Las suposiciones tienen el poder de la realización objetiva. Cada acontecimiento en el mundo visible es el resultado de una suposición o idea en el mundo invisible.

El momento presente es lo más importante, porque sólo en el momento presente se pueden controlar nuestras suposiciones. El futuro debe convertirse en presente en tu mente si quieres aplicar sabiamente la ley de la suposición. El futuro se convierte en presente cuando imaginas que ya eres lo que serás cuando se cumpla tu suposición. Quédate quieto (menos acción) y sabe que eres aquello que deseas ser. El fin del anhelo debe ser Ser. Traduce tu sueño en Ser. La construcción perpetua de estados futuros sin la conciencia de serlos ya, es decir, imaginar tu deseo sin asumir realmente el sentimiento del deseo cumplido, es la falacia y el espejismo de la humanidad.

Es simplemente soñar despierto en vano.

PREGUNTAS Y RESPUESTAS DE REFLEXIÓN

1. ¿Qué significa el principio de "Mínima Acción" en el contexto del crecimiento y la transformación personal?

- **Respuesta:** El principio de la "acción mínima" sugiere que podemos alcanzar nuestras metas con un mínimo de energía y esfuerzo si alineamos nuestros pensamientos y suposiciones con los resultados deseados. Destaca que la transformación no tiene por qué ser un proceso extenuante, sino que puede ocurrir de manera natural a través de una intención enfocada.

-

2. ¿Cómo cambia el concepto de suposición tu comprensión del esfuerzo para alcanzar tus metas?

- **Respuesta:** El concepto de suposición cambia mi forma de entender las cosas al destacar que lograr mis metas no siempre requiere trabajo duro o esfuerzo. En cambio, simplemente al asumir el estado de haber logrado mis metas, puedo atraer esos resultados sin esfuerzo.

-

3. ¿De qué manera tus suposiciones dan forma a tus experiencias y a tu realidad?

- **Respuesta:** Mis suposiciones dan forma a mis experiencias al determinar cómo interpreto los eventos y las interacciones. Si asumo un resultado positivo, es más probable que observe y cree oportunidades que se alineen con esa creencia, mientras que las suposiciones negativas pueden llevarme a perder oportunidades y a una perspectiva limitada.

-

4. ¿Cómo puedes practicar ser más consciente de tus suposiciones en la vida diaria?

- **Respuesta:** Puedo practicar la conciencia reflexionando regularmente sobre mis pensamientos y creencias, especialmente cuando me enfrento a desafíos o decisiones. Llevar un registro de mis suposiciones y evaluar su veracidad puede ayudarme a identificar áreas en las que podría necesitar ajustar mi mentalidad.

-

5. ¿Qué estrategias puedes utilizar para traducir tus deseos en un estado de ser?

- **Respuesta:** Las estrategias incluyen la visualización, las afirmaciones y sumergirme en los sentimientos asociados con mis deseos. Puedo crear un tablero de visión o meditar sobre las emociones de tener ya lo que deseo para reforzar la suposición en mi mente.

-

6. Piensa en alguna ocasión en la que hayas experimentado "soñar despierto sin sentido". ¿Qué aprendiste de esa experiencia?

- **Respuesta:** Recuerdo una época en la que imaginaba con frecuencia mis metas sin emprender ninguna acción ni sentir las emociones asociadas a ellas. Esto me enseñó que no basta con soñar, sino que necesito encarnar los sentimientos de mis deseos y asumir activamente su realidad para avanzar.

-

7. ¿Cómo afecta el estar presente en el momento a tu capacidad de manifestar tus deseos?

- **Respuesta:** Estar presente me permite centrarme en el ahora en lugar de perderme en preocupaciones futuras o arrepentimientos pasados. Me permite alinear mis pensamientos y sentimientos con mis deseos, lo que me hace más fácil asumir el estado de ya tener lo que quiero.

-

8. ¿Qué significa "traducir tu sueño en Ser" y cómo puedes aplicar este concepto en tu vida?

- **Respuesta:** Traducir mi sueño en Ser significa encarnar los sentimientos y la identidad de la persona que quiero ser, en lugar de simplemente visualizarla. Puedo aplicar esto practicando constantemente la mentalidad y los comportamientos de mi yo ideal, lo que refuerza mis suposiciones sobre quién soy.

-

9. ¿Cómo puedes asegurarte de que tus suposiciones sobre tus objetivos sean realistas y estén alineadas con tus verdaderos deseos?

- **Respuesta:** Puedo asegurarme de ello si me pregunto periódicamente qué es lo que realmente quiero y si mis suposiciones respaldan ese deseo. Pedir la opinión de amigos o mentores de confianza también puede darme una perspectiva sobre si mis suposiciones son realistas y me empoderan.

-

10. ¿De qué manera puedes minimizar el esfuerzo y maximizar la eficacia en la consecución de tus objetivos?

- **Respuesta:** Puedo minimizar el esfuerzo si me concentro en suposiciones que se alinean con mis objetivos en lugar de forzar las acciones. Si mantengo una actitud positiva, permanezco abierto a las oportunidades y confío en el proceso, puedo avanzar hacia mis objetivos de manera más eficaz y sin luchas innecesarias.

CAPÍTULO QUINCE

LA CORONA DE LOS MISTERIOS

La asunción del deseo realizado es el barco que te lleva por los mares desconocidos hacia la realización de tu sueño. La suposición lo es todo; la realización es subconsciente y sin esfuerzo.

"Asume una virtud si no la tienes".

Actúa suponiendo que ya posees aquello que buscabas.

"Bienaventurada la que creyó, porque se cumplirán las cosas que le fueron dichas de parte del Señor".

Así como la Inmaculada Concepción es el fundamento de los misterios cristianos, la Asunción es su corona. Psicológicamente la Inmaculada Concepción significa el nacimiento de una idea en tu propia conciencia sin ayuda de otra. Por ejemplo, cuando tienes un deseo, un hambre o un anhelo específico, se trata de una concepción inmaculada en el sentido de que ninguna persona o cosa física lo planta en tu mente. Es autoconcebido. Cada hombre es la María de la Inmaculada Concepción y debe dar a luz a su idea. La Asunción es la corona de los misterios porque es el uso más elevado de la conciencia. Cuando en la imaginación asumes el sentimiento del deseo cumplido, te elevas mentalmente a un nivel superior. Cuando, a través de tu persistencia, esta suposición se convierte en un hecho real, automáticamente te encuentras en un nivel superior (es decir, has logrado tu deseo) en tu mundo objetivo. Tu suposición guía todos tus movimientos conscientes y subconscientes hacia el fin sugerido, tan inevitablemente que en realidad dicta los acontecimientos.

El drama de la vida es psicológico y todo él está escrito y producido por tus suposiciones.

Aprende el arte de suponer, porque sólo así podrás crear tu propia felicidad.

PREGUNTAS Y RESPUESTAS DE REFLEXIÓN

1. ¿Qué significa para usted la frase "la suposición del deseo cumplido es el barco que te lleva por los mares desconocidos"?

- Respuesta: Esta frase sugiere que creer en el resultado que deseo (la suposición) es el vehículo que me ayuda a sortear las incertidumbres de la vida. Destaca la importancia de la fe y la confianza para alcanzar mis metas, incluso cuando el camino no está claro.

-

2. ¿Cómo puedes aplicar la idea de "asumir una virtud si no la tienes" en tu vida diaria?

- Respuesta: Puedo practicar esto incorporando cualidades que admiro o deseo desarrollar en mí. Por ejemplo, si quiero tener más confianza, puedo actuar con seguridad en situaciones incluso si al principio no me siento así. Con el tiempo, esto puede ayudarme a interiorizar esa confianza.

-

3. ¿De qué manera te identificas con el concepto de la "Inmaculada Concepción" en relación con tus deseos?

- Respuesta: La idea de la Inmaculada Concepción como un deseo autoconcebido me resulta familiar porque resalta que mis deseos y aspiraciones a menudo surgen desde dentro, independientemente de las influencias externas. Refuerza la creencia de que tengo el poder de crear mi propia realidad.

-

4. ¿Cuál es su interpretación de la afirmación: "su suposición guía todos sus movimientos conscientes y subconscientes hacia el fin sugerido"?

- **Respuesta:** Esta afirmación sugiere que una vez que adopto una creencia sobre lo que quiero lograr, mis pensamientos, acciones y decisiones se alinearán naturalmente para respaldar esa creencia. Hace hincapié en la influencia de mi mentalidad en mi realidad.

-

5. Piensa en una ocasión en la que tus suposiciones influyeron significativamente en el resultado de una situación. ¿Qué aprendiste de esa experiencia?

- **Respuesta:** Recuerdo una ocasión en la que supuse que tendría éxito en una presentación. Esta creencia aumentó mi confianza y me ayudó a tener un buen desempeño. Aprendí que mi actitud puede afectar directamente mi desempeño y los resultados que logro.

-

6. ¿Cómo puede la persistencia en asumir tus deseos conducir a su realización?

- **Respuesta:** La persistencia refuerza mi creencia en mis deseos, ayudándome a mantenerme centrado en el objetivo final. Al asumir continuamente que mis deseos ya se han cumplido, atraigo circunstancias y oportunidades que se alinean con esa creencia, lo que conduce a su realización.

\-

7. ¿De qué manera cree usted que sus suposiciones determinan los acontecimientos de su vida?

- **Respuesta:** Mis suposiciones moldean mis percepciones y decisiones, influyendo en cómo interpreto las situaciones e interactúo con los demás. Las suposiciones positivas pueden llevar a resultados constructivos, mientras que las negativas pueden crear profecías autocumplidas.

\-

8. ¿Qué prácticas puedes implementar para dominar el arte de la suposición?

- **Respuesta:** Puedo practicar la visualización, la meditación y las afirmaciones para fortalecer mis suposiciones. Imaginar regularmente el estado que deseo y sentir las emociones asociadas con él puede ayudar a que esas suposiciones parezcan más reales.

\-

9. ¿Cómo define usted la felicidad en relación con sus suposiciones?

- **Respuesta:** Defino la felicidad como un estado de alineación con mis verdaderos deseos y creencias. Cuando mis suposiciones reflejan una perspectiva positiva y asumo la sensación de tener ya lo que quiero, experimento una mayor sensación de felicidad.

-

10. ¿Cómo cambia tu perspectiva sobre los desafíos y los reveses el hecho de comprender que "el drama de la vida es psicológico"?

- Respuesta: Esta comprensión cambia mi perspectiva al ayudarme a ver los desafíos como oportunidades para reevaluar mis suposiciones y creencias. En lugar de ver los reveses como fracasos, puedo verlos como parte del proceso de refinar mis suposiciones y aprender a crear la realidad que deseo.

CAPÍTULO DIECISÉIS
IMPOTENCIA PERSONAL

La autoentrega es esencial y por ello se entiende la confesión de la impotencia personal.

"Por mí mismo no puedo hacer nada".

Puesto que la creación está acabada, es imposible forzar nada para que nazca. El ejemplo del magnetismo es una buena ilustración. No se puede hacer magnetismo, sólo se puede mostrar. No se puede crear la ley del magnetismo. Si quieres construir un imán, sólo puedes hacerlo ajustándote a la ley del magnetismo. En otras palabras, te entregas o te sometes a la ley. De la misma manera, cuando utilizas la facultad de suponer, te sometes a una ley tan real como la ley que rige el magnetismo. No puedes crear ni cambiar la ley de la suposición. En este sentido eres impotente. Sólo puedes ceder o conformarte, y puesto que todas tus experiencias son el resultado de tus suposiciones (consciente o inconscientemente), el valor de utilizar conscientemente el poder de la suposición debe ser obvio.

Identifícate voluntariamente con aquello que más deseas, sabiendo que encontrará expresión a través de ti. Ríndete ante el sentimiento del deseo cumplido y consúmelo como su víctima, luego elévate como el profeta de la ley de la suposición.

PREGUNTAS Y RESPUESTAS DE REFLEXIÓN

1. ¿Qué significa la frase "la entrega de uno mismo es esencial" en el contexto de la manifestación de tus deseos?

- **Respuesta:** Esta frase sugiere que dejar de lado la necesidad de controlar los resultados y reconocer mis limitaciones es fundamental para permitir que mis deseos se manifiesten. Se trata de confiar en el proceso y en las leyes del universo en lugar de forzar que las cosas sucedan.

-

2. ¿Cómo interpretas la afirmación: "No puedo yo hacer nada por mí mismo"?

- **Respuesta:** Esta afirmación resalta la importancia de reconocer que mis esfuerzos individuales por sí solos no son suficientes para generar un cambio. Me anima a confiar en un poder superior o en las leyes naturales del universo cuando persigo mis objetivos.

-

3. ¿Qué paralelismos ves entre la ley del magnetismo y la ley de asunción?

- **Respuesta:** Ambas leyes operan independientemente de la voluntad individual. Así como el magnetismo no se puede crear ni cambiar, sino que solo se puede manifestar, la ley de la suposición funciona alineando mis pensamientos y sentimientos con los resultados que deseo. Debo rendirme a estas leyes en lugar de tratar de manipularlas.

-

4. ¿De qué manera ha experimentado usted la impotencia personal en su vida y cómo esa conciencia cambió su enfoque?

- **Respuesta:** A menudo he intentado forzar resultados mediante pura fuerza de voluntad, lo que me ha llevado a la frustración. Reconocer mis limitaciones me ha enseñado a centrarme en alinear mis creencias y sentimientos con lo que deseo, permitiendo que las cosas se desarrollen de forma más natural.

-

5. ¿Cómo puedes utilizar conscientemente el poder de la suposición para crear experiencias positivas en tu vida?

- **Respuesta:** Puedo practicar la visualización de los resultados que deseo, encarnar los sentimientos asociados a esos resultados y afirmar constantemente mi valía para alcanzarlos. Este compromiso consciente con mis suposiciones me ayudará a dar forma a mi realidad.

-

6. ¿Qué significa "ceder al sentimiento del deseo cumplido"?

- **Respuesta:** Entregarme a la sensación del deseo cumplido significa sumergirme en las emociones y sensaciones de haber logrado ya mi deseo. Se trata de vivir en ese estado mental y emocional, lo que ayuda a manifestarlo en el mundo físico.

-

7. ¿Cómo el hecho de verse a uno mismo como una "víctima" de sus deseos altera su relación con ellos?

- **Respuesta:** Verme como una "víctima" puede generar una sensación de rendición y aceptación, permitiendo que mis deseos fluyan a través de mí en lugar de convertirse en una lucha. Cambia mi perspectiva de intentar controlar los resultados a permitir que mi verdadero yo se exprese.

-

8. ¿Qué prácticas puedes adoptar para adaptarte mejor a las leyes de asunción y magnetismo en tu vida?

- **Respuesta:** Puedo implementar diariamente técnicas de meditación, afirmaciones y visualización para alinear mis pensamientos y sentimientos con mis deseos. Además, puedo reflexionar sobre experiencias pasadas para entender cómo mis suposiciones han moldeado mi realidad.

-

9. Piensa en una ocasión en la que rendirte ante una situación te llevó a obtener resultados positivos inesperados. ¿Qué aprendiste de esa experiencia?

- **Respuesta:** Una vez dejé de lado mi deseo de tener un trabajo específico y, en cambio, me concentré en sentirme realizada en mi vida laboral. De repente, se presentó una mejor oportunidad. Aprendí que, a veces, rendirse permite mayores posibilidades de las que podría haber planeado.

-

10. ¿Cómo puede el reconocer tu impotencia personal capacitarte para crear una vida más plena?

- **Respuesta:** Reconocer mis limitaciones puede empoderarme al liberarme de la carga del control y de forzar los resultados. Me anima a confiar en el proceso, a centrarme en mis suposiciones y a cultivar una conexión más profunda con mis deseos.

CAPÍTULO DIECISIETE
TODO ES POSIBLE

Es de gran importancia que la verdad de los principios esbozados en este libro ha sido probada una y otra vez por las experiencias personales del Autor. A lo largo de los últimos veinticinco años ha aplicado estos principios y ha comprobado su éxito en innumerables casos. Él atribuye a una suposición inquebrantable de que su deseo ya se está cumpliendo cada éxito que ha logrado. Confiaba en que, gracias a estas suposiciones fijas, sus deseos estaban predestinados a cumplirse. Una y otra vez asumía la sensación de su deseo cumplido y continuaba en su suposición hasta que aquello que deseaba se realizaba por completo.

Vive tu vida con un sublime espíritu de confianza y determinación; desprecia las apariencias, las condiciones, de hecho toda evidencia de tus sentidos que niegue el cumplimiento de tu deseo. Descansa en la suposición de que ya eres lo que quieres ser, porque en esa suposición determinada tú y tu Ser Infinito se funden en unidad creativa, y con tu Ser Infinito (Dios) todas las cosas son posibles. Dios nunca falla.

"Porque, ¿quién puede detener Su mano o decirle: 'qué haces'?".

A través del dominio de tus suposiciones estás en verdad capacitado para dominar la vida. Así se asciende la escalera de la vida: así se realiza el ideal. La clave del verdadero propósito de la vida es entregarse a tu ideal con tal conciencia de su realidad que comienzas a vivir la vida del ideal y ya no tu propia vida como era antes de esta entrega.

"Llama a las cosas que no se ven como si se vieran, y lo que no se ve se hace visible".

Cada supuesto tiene su mundo correspondiente. Si eres verdaderamente observador, notarás el poder de tus suposiciones para cambiar circunstancias que parecen totalmente inmutables.

Tú, por tus suposiciones conscientes, determinas la naturaleza del mundo en el que vives. Ignora el estado actual y asume el deseo cumplido. Reclámalo; responderá. La ley de la suposición es el medio por el cual puede realizarse el cumplimiento de tus deseos. En cada momento de tu vida, consciente o inconscientemente, estás asumiendo un sentimiento. No puedes evitar asumir un sentimiento más de lo que puedes evitar comer y beber. Todo lo que puedes hacer es controlar la naturaleza de tus suposiciones.

Así se ve claramente que el control de tus suposiciones es la llave que ahora tienes para una vida cada vez más expansiva, más feliz y más noble.

PREGUNTAS Y RESPUESTAS DE REFLEXIÓN

1. ¿Cómo la experiencia personal del autor aporta credibilidad a los principios expuestos en el libro?

- **Respuesta:** Las experiencias personales del autor brindan ejemplos reales de los principios en acción, demostrando su eficacia a lo largo del tiempo. Esto le otorga credibilidad porque demuestra que estas ideas no son solo teóricas, sino que pueden aplicarse en la práctica para lograr el éxito.

-

2. ¿Qué significa "hacer caso omiso de las apariencias" cuando trabajas para lograr tus deseos?

- **Respuesta:** Hacer caso omiso de las apariencias significa centrarse en sus suposiciones y creencias internas en lugar de en las condiciones externas que pueden parecer contrarias a sus deseos. Fomenta una mentalidad de fe y determinación, confiando en que sus suposiciones eventualmente se manifestarán en la realidad.

-

3. ¿De qué manera la fusión de tu identidad con tu Ser Infinito (Dios) puede conducir a la realización de tus deseos?

- **Respuesta:** Fusionarme con mi Ser Infinito significa una conexión profunda con mi verdadero ser y la fuerza creativa del universo. Esta alineación fomenta la confianza y la claridad, permitiéndome asumir mis deseos como ya cumplidos y atraer esas realidades a mi vida.

-

4. ¿Qué significa "entregarse al propio ideal" y cómo puede esto conducirnos a una vida más plena?

- **Respuesta:** Entregarme a mi ideal implica abrazar plenamente mis aspiraciones y alinear mis pensamientos y sentimientos con ellas. Este acto de entrega cambia mi enfoque de las limitaciones a las posibilidades, lo que en última instancia me permite encarnar las cualidades de mi yo ideal y experimentar una vida más plena.

-

5. Piensa en una ocasión en la que tus suposiciones sobre una situación llevaron a un cambio positivo en tu vida. ¿Qué aprendiste de esa experiencia?

- **Respuesta:** Una vez supuse que podría dirigir con éxito un proyecto en el trabajo a pesar de mis dudas. Al aceptar plenamente esa suposición, me sentí más seguro y capaz, lo que me llevó a un resultado exitoso. Aprendí que mis creencias influyen directamente en mis experiencias y que aceptar suposiciones positivas puede conducir a resultados transformadores.

-

6. ¿Cómo interpretas la idea de que "cada supuesto tiene su mundo correspondiente"?

- **Respuesta:** Esta idea sugiere que cada creencia o suposición que tengo moldea mi realidad y mis experiencias. El mundo que percibo es un reflejo de mi estado interior y, al cambiar mis suposiciones, puedo alterar las circunstancias y los resultados de mi vida.

-

7. ¿Qué pasos puedes tomar para controlar conscientemente la naturaleza de tus suposiciones?

- **Respuesta:** Puedo practicar la atención plena para tomar conciencia de mis pensamientos y sentimientos, reemplazar las suposiciones negativas por otras positivas y visualizar regularmente mis deseos como si ya se hubieran cumplido. Llevar un diario o hacer afirmaciones también puede ayudar a reforzar mi estado de ser deseado.

-

8. ¿Por qué es importante reconocer que siempre estamos asumiendo un sentimiento, ya sea consciente o inconscientemente?

- **Respuesta:** Reconocer que siempre estoy dando por sentado un sentimiento resalta la importancia de ser intencional con mis pensamientos y emociones. Me recuerda que tengo el poder de elegir mis suposiciones, que en última instancia moldean mis experiencias y mi realidad.

-

9. ¿Qué significa para usted la frase "el control de sus asunciones es la clave"?

- **Respuesta:** Esta frase significa que dominar mis suposiciones me da el poder de influir positivamente en mi vida. Al controlar mis creencias y emociones, puedo acceder a una vida más expansiva y plena, alineada con mis verdaderos deseos.

-

10. ¿Cómo puedes aplicar la ley de asunción en un área específica de tu vida en este momento?

- **Respuesta:** Puedo aplicar la ley de la asunción en mi carrera visualizándome en una posición exitosa, encarnando los sentimientos asociados a ese rol y actuando como si ya estuviera allí. Esta práctica me ayudará a alinear mis pensamientos y acciones con mis metas profesionales.

CAPÍTULO DIECIOCHO
SED HACEDORES

"Sed hacedores de la palabra y no solamente oidores, engañándoos a vosotros mismos. Porque si alguno es oidor de la palabra, y no hacedor, semejante es al hombre que mirando en un espejo su rostro natural, se va, y luego olvida qué clase de hombre era. Pero el que mira la perfecta ley de la libertad, y persevera en ella, no siendo oidor olvidadizo, sino hacedor de la obra, éste será bienaventurado en sus obras."

JAMES 1:22-25

La palabra en esta cita significa idea, concepto o deseo. Te engañas a ti mismo "oyendo solamente" cuando esperas que tu deseo se cumpla por meras ilusiones. Tu deseo es lo que quieres ser y mirarte a ti mismo "en un cristal" es verte en la imaginación como esa persona. Olvidar "qué clase de hombre" eres es no persistir en tu suposición. La "ley perfecta de la libertad" es la ley que hace posible la liberación de la limitación, es decir, la ley de la suposición. Continuar en la ley perfecta de la libertad es persistir en la suposición de que tu deseo ya se ha cumplido. No eres un "oidor olvidadizo" cuando mantienes constantemente vivo en tu conciencia el sentimiento de tu deseo cumplido. Esto te convierte en un "hacedor de la obra" y eres bendecido en tu obra por la inevitable realización de tu deseo.

Debéis ser hacedores de la ley de la suposición, porque sin aplicación la comprensión más profunda no producirá ningún resultado deseado.

La frecuente reiteración y repetición de importantes verdades básicas recorre estas páginas. En lo que respecta a la ley de la asunción -la ley que libera al hombre-, esto es bueno. Hay que dejarla clara una y otra vez, aun a riesgo de repetirla. El verdadero buscador de la verdad agradecerá esta ayuda para concentrar su atención en la ley que le hace libre.

La parábola de la condena del Maestro al siervo que descuidó el uso del talento que se le había dado es clara e inequívoca. Habiendo descubierto dentro de ti la llave de la Casa del Tesoro, debes ser como el buen siervo que, mediante un sabio uso, multiplicó por muchas veces los talentos que se le confiaron. El talento que se te ha confiado es el poder de determinar conscientemente tu supuesto. El talento no utilizado, como el miembro no ejercitado, se marchita y finalmente se atrofia.

Lo que debes perseguir es el ser. Para hacer, es necesario ser. El fin del anhelo es ser. Tu concepto de ti mismo sólo puede ser expulsado de la conciencia por otro concepto de ti mismo. Creando un ideal en tu mente, puedes identificarte con él hasta convertirte en uno y el mismo con el ideal, transformándote así en él.

Lo dinámico prevalece sobre lo estático; lo activo sobre lo pasivo. Quien actúa es magnético y, por tanto, infinitamente más creativo que quien se limita a escuchar. Sé uno de los hacedores.

PREGUNTAS Y RESPUESTAS DE REFLEXIÓN

1. ¿Qué significa ser un "hacedor" de la ley de asunción, y en qué se diferencia de ser simplemente un "oyente"?

- **Respuesta:** Ser un "hacedor" significa aplicar activamente los principios de la ley de asunción en mi vida encarnando los sentimientos de mis deseos como ya cumplidos. Por el contrario, ser un "oyente" se refiere a escuchar pasivamente estos conceptos sin tomar acción ni integrarlos en mi vida. Los hacedores se involucran con sus deseos, mientras que los oyentes solo los reconocen.

-

2. ¿Por qué es importante persistir en la asunción del deseo cumplido?

- **Respuesta:** Persistir en mi suposición es crucial porque refuerza mi creencia y crea un estado mental fuerte que se alinea con mis deseos. Esta coherencia ayuda a cerrar la brecha entre mi realidad actual y mi estado ideal, lo que hace que la realización de mis deseos sea más probable.

-

3. ¿Cómo se relaciona la metáfora de ver tu reflejo en un cristal con la comprensión de tu identidad?

- **Respuesta:** La metáfora ilustra la idea de la autoconciencia y el reconocimiento de mi verdadero potencial. Así como uno se mira en un espejo para ver su reflejo, yo puedo usar la imaginación para visualizar y encarnar la persona en la que deseo convertirme. Olvidar mi reflejo simboliza descuidar mi identidad y mi potencial; debo recordarme constantemente quién soy y quién quiero ser.

-

4. ¿De qué manera puedo aplicar activamente la ley de asunción en mi vida diaria?

- **Respuesta:** Puedo aplicar la ley de la suposición visualizando regularmente mis deseos como cumplidos, practicando afirmaciones y modificando conscientemente mis pensamientos para alinearlos con mi yo ideal. Al actuar como si ya poseyera lo que deseo y concentrarme en los sentimientos asociados, puedo fortalecer mi creencia e influir en mi realidad.

-

5. ¿Qué significa para usted la "perfecta ley de la libertad" y cómo le otorga poder?

- **Respuesta:** La "ley perfecta de la libertad" representa la libertad de crear mi realidad a través de mis suposiciones. Me empodera recordándome que tengo la capacidad de trascender las limitaciones y moldear mis experiencias según mis deseos, reforzando la idea de que soy el creador de mi vida.

-

6. Reflexiona sobre la parábola del siervo que descuidó su talento. ¿Cómo se relaciona esto con tu crecimiento personal?

- **Respuesta:** Esta parábola me sirve para recordar que debo utilizar activamente mis habilidades y mi potencial para crecer y tener éxito. Descuidar mis talentos me lleva al estancamiento, mientras que aplicarlos activamente puede multiplicar mis oportunidades y logros. Me anima a abrazar mi poder creativo y no dejar que se desperdicie.

-

7. ¿Por qué se dice que "lo dinámico prevalece sobre lo estático"? ¿Cómo puede esta idea inspirar acción en mi vida?

- **Respuesta:** Esta frase enfatiza que tomar acción (la dinámica) es más eficaz y poderosa que permanecer pasivo (la estática). Me inspira a ser proactivo en la consecución de mis objetivos, alentándome a tomar medidas que conduzcan al progreso en lugar de esperar a que se produzca el cambio.

-

8. ¿Cómo puede la identificación con un yo ideal ayudar a transformar tu realidad actual?

- **Respuesta:** Al identificarme con mi yo ideal, creo una visión clara de quién quiero llegar a ser, lo que me permite alinear mis pensamientos y conductas con esa identidad. Esta transformación es poderosa porque cambia mi mentalidad, influye en mis acciones y atrae experiencias que reflejan mi yo ideal a mi vida.

-

9. ¿Qué medidas prácticas puedo adoptar para asegurarme de ser un "hacedor" y no sólo un "oyente"?

- Respuesta: Puedo fijarme metas específicas relacionadas con mis deseos, crear un plan de acción para alcanzarlas y hacerme responsable de dar pasos consistentes hacia adelante. Además, puedo practicar la visualización y las afirmaciones a diario para mantenerme concentrado en mi estado ideal.

-

10. ¿Qué enseñanzas puedes obtener del concepto de que "el fin del anhelo es ser"?

- Respuesta: Esta idea pone de relieve que el objetivo último de mis deseos no es sólo alcanzarlos, sino encarnar la esencia de esos deseos. Me anima a centrarme en ser la persona que ya posee lo que anhelo, en lugar de perseguirlo constantemente, fomentando una sensación de plenitud en el momento presente.

CAPÍTULO DIECINUEVE
ESENCIALES

Los puntos esenciales en el uso exitoso de la ley de la suposición son estos: En primer lugar, y por encima de todo, el anhelo, el deseo ardiente e intenso.

Debes desear de todo corazón ser diferente de lo que eres. El deseo intenso y ardiente es el resorte principal de la acción, el principio de todas las empresas exitosas. En toda gran pasión se concentra el deseo.

"Como el corazón suspira por los arroyos de agua, así suspira mi alma por Ti, oh Dios".

"Bienaventurados los que tienen hambre y sed de justicia, porque ellos serán saciados".

Aquí el alma se interpreta como la suma total de todo lo que crees, piensas, sientes y aceptas como verdad; en otras palabras, tu nivel actual de conciencia. Dios significa YO SOY, la fuente y el cumplimiento de todo deseo. Esta cita describe cómo tu nivel actual de conciencia anhela trascenderse a sí mismo. La rectitud es la conciencia de ser ya lo que quieres ser.

En segundo lugar, cultiva la inmovilidad física, una incapacidad física no muy distinta del estado descrito por Keats en su "Oda a un ruiseñor".

"Un sopor adormece mis sentidos, como si hubiera bebido cicuta".

Es un estado parecido al sueño, pero en el que aún controlas la dirección de la atención. Debes aprender a inducir este estado a voluntad, pero la experiencia ha enseñado que es más fácil inducirlo después de una comida sustanciosa, o cuando te despiertas por la mañana sintiéndote muy reacio a levantarte. Entonces estarás naturalmente dispuesto a entrar en este estado. El valor de la inmovilidad física se manifiesta en la acumulación de fuerza mental que trae consigo la quietud absoluta. Aumenta tu poder de concentración.

"Estad quietos y sabed que Yo soy Dios".

De hecho, las mayores energías de la mente rara vez irrumpen sino cuando el cuerpo está quieto y la puerta de los sentidos cerrada al mundo objetivo.

La tercera y última cosa que debes hacer es experimentar en tu imaginación lo que experimentarías en la realidad si lograras tu objetivo. Imagina que posees una cualidad o algo que deseas y que hasta ahora no era tuyo. Entrégate por completo a este sentimiento hasta que todo tu ser esté poseído por él. Este estado difiere de la ensoñación en este aspecto: es el resultado de una imaginación controlada y una atención concentrada y constante, mientras que la ensoñación es el resultado de una imaginación incontrolada, normalmente una ensoñación. En el estado controlado, basta un esfuerzo mínimo para mantener la conciencia llena de la sensación del deseo cumplido. La inmovilidad física y mental de este estado es una poderosa ayuda para la atención voluntaria y un factor importante de mínimo esfuerzo.
La aplicación de estos tres puntos:

Deseo
Inmovilidad física
La asunción del deseo ya cumplido

es el camino hacia la unión con tu objetivo.

Uno de los malentendidos más frecuentes es que esta ley sólo funciona para los que tienen un objetivo devoto o religioso. Esto es una falacia. Funciona de forma tan impersonal como la ley de la electricidad. Se puede utilizar tanto para fines codiciosos y egoístas como nobles. Pero siempre hay que tener en cuenta que los pensamientos y acciones innobles acarrean inevitablemente consecuencias desgraciadas.

PREGUNTAS Y RESPUESTAS DE REFLEXIÓN

1. ¿Por qué se dice que el deseo intenso y ardiente es el "motivo principal de la acción"? ¿Cómo se relaciona esto con sus objetivos personales?

- **Respuesta:** El deseo intenso y ardiente es la fuerza impulsora detrás de toda acción y éxito significativos. Alimenta la motivación y el compromiso para alcanzar metas. En mis metas personales, cultivar este nivel de deseo puede ayudarme a superar obstáculos y mantener el enfoque, asegurando que permanezca dedicado a lograr lo que realmente quiero.

-

2. ¿Qué significa "anhelar" tus deseos, como lo expresa la cita?

- **Respuesta:** "Anhelar" mis deseos significa un profundo y ferviente anhelo de cumplimiento. Implica un sentido de urgencia y necesidad, indicando que mi alma busca trascender sus limitaciones actuales y alcanzar un estado superior de ser, reforzando la idea de que mis deseos deben perseguirse con pasión y con intención.

-

3. ¿Cómo puede la inmovilidad física mejorar su capacidad para utilizar la ley de asunción?

- **Respuesta:** La inmovilidad física permite la acumulación de energía mental y concentración, facilitando una concentración más profunda en mis deseos. Al aquietar mi cuerpo, puedo acallar las distracciones externas, lo que me permite sumergirme en la sensación del deseo cumplido sin la interferencia de mi entorno.

-

4. ¿En qué situaciones te resulta más fácil inducir un estado de inmovilidad física y cómo puedes aprovechar esos momentos?

- **Respuesta:** Me resulta más fácil inducir la inmovilidad física después de una comida o cuando me despierto por la mañana. Puedo aprovechar estos momentos dedicando tiempo a practicar técnicas de visualización y asunción, asegurándome de entrar en un estado de relajación que me permita concentrar la atención en mis deseos.

-

5. ¿Qué distingue una imaginación controlada de un sueño o ensoñación, y por qué es importante esta distinción?

- **Respuesta:** La imaginación controlada es centrada e intencional, y dirige mi atención hacia un resultado o sentimiento específico, mientras que la ensoñación es más desorientada y sin objetivo. Esta distinción es importante porque resalta la necesidad de una práctica deliberada para manifestar mis deseos, y pone de relieve que el uso exitoso de la ley de la suposición requiere esfuerzo consciente y claridad.

-

6. ¿Cómo puedes entregarte completamente a la sensación de tu deseo cumplido y qué técnicas puedes emplear para lograrlo?

- **Respuesta:** Para entregarme por completo a la sensación de que mi deseo se ha cumplido, puedo utilizar técnicas de visualización, meditación y prácticas de afirmación. Al sumergirme en las emociones asociadas con mis deseos y visualizar repetidamente mi estado ideal, puedo crear una fuerte conexión emocional que alinee mi subconsciente con mis objetivos.

-

7. ¿Qué papel juega el concepto de "unificación " en su comprensión de la ley de asunción?

- **Respuesta:** El concepto de "unificación " ilustra la idea de alinear mi conciencia con la realidad que deseo. Destaca la importancia de encarnar mis deseos y volverme uno con ellos, sugiriendo que la verdadera realización proviene de integrar mis aspiraciones a mi identidad y forma de ser.

-

8. ¿Cómo interpreta usted la afirmación de que la ley de asunción puede utilizarse tanto para fines nobles como innobles?

- **Respuesta:** Esta afirmación pone de relieve que la ley de la suposición es neutral y funciona en función de las intenciones del usuario. Me recuerda que, si bien puedo manifestar mis deseos, debo considerar las implicaciones morales de mis acciones y las posibles consecuencias de perseguir objetivos egoístas o dañinos.

-

9. ¿Cuáles son algunas de las posibles consecuencias negativas de utilizar la ley de asunción con fines innobles?

- **Respuesta:** Las posibles consecuencias negativas pueden incluir sentimientos de culpa, insatisfacción o daño involuntario a otras personas. El uso de la ley con fines egoístas puede generar ganancias a corto plazo, pero en última instancia puede resultar en una falta de satisfacción y repercusiones perjudiciales en mi vida y en la vida de quienes me rodean.

-

10. ¿Qué medidas puede tomar para garantizar que sus deseos se alineen con intenciones positivas y contribuyan a su bienestar y al de los demás?

- **Respuesta:** Puedo establecer intenciones que prioricen mis valores y el bien común, realizar una autorreflexión para evaluar mis motivaciones y buscar orientación o retroalimentación de personas de confianza. Al asegurarme de que mis deseos contribuyan positivamente a mi vida y a la vida de los demás, puedo usar la ley de la suposición de manera responsable y eficaz.

CAPÍTULO VEINTE

LA JUSTICIA

En el capítulo anterior se definió la rectitud como la conciencia de ser ya lo que se quiere ser. Este es el verdadero significado psicológico y, obviamente, no se refiere a la adhesión a códigos morales, leyes civiles o preceptos religiosos. No se puede dar demasiada importancia a ser justo.

De hecho, toda la Biblia está impregnada de advertencias y exhortaciones sobre este tema.

"Rompe con tus pecados mediante la justicia".

DAN. 4:27

"A mi justicia me aferro, y no la soltaré; mi corazón no me reprochará mientras yo viva".

JOB 27:6

"Mi justicia responderá por mí en el tiempo venidero".

GÉNESIS 30:33

Muy a menudo las palabras "pecado" y "justicia" se utilizan en la misma cita. Se trata de un contraste lógico de opuestos y adquiere una enorme significación a la luz del significado psicológico de justicia y del significado psicológico de pecado. Pecar significa no dar en el blanco. No alcanzar tu deseo, no ser la persona que quieres ser es pecar. La rectitud es la conciencia de ser ya lo que quieres ser. Es una ley educativa inmutable que los efectos deben seguir a las causas. Sólo por la rectitud puedes salvarte de pecar.

Existe un malentendido generalizado sobre lo que significa "salvarse del pecado". El siguiente ejemplo bastará para demostrar este malentendido y establecer la verdad. Una persona que vive en la más absoluta pobreza puede creer que, mediante alguna actividad religiosa o filosófica, puede "salvarse del pecado" y que, como resultado, su vida mejorará. Sin embargo, si continúa viviendo en el mismo estado de pobreza, es obvio que lo que creía no era la verdad y, de hecho, no se "salvó". Por otro lado, puede ser salvado por la justicia. El uso exitoso de la ley de asunción tendría como resultado inevitable un cambio real en su vida. Ya no viviría en la pobreza. Ya no erraría el tiro. Se salvaría del pecado.

"Si vuestra justicia no fuere mayor que la de los escribas y fariseos, no entraréis en el reino de los cielos".

MAT. 5:20

Escribas y fariseos significa aquellos que son influenciados y gobernados por las apariencias externas-las reglas y costumbres de la sociedad en que viven, el vano deseo de ser bien considerados por los demás hombres. A menos que este estado mental sea superado, su vida será una de limitación-de fracaso para alcanzar sus deseos-de perder la marca-de pecado. Esta rectitud es superada por la verdadera rectitud que es siempre la conciencia de ser ya lo que quieres ser.

Una de las mayores trampas al intentar utilizar la ley de la suposición es centrar tu atención en las cosas, en una casa nueva, un trabajo mejor, un saldo bancario mayor. Esta no es la rectitud sin la cual "mueres en tus pecados". La rectitud no es la cosa en sí; es la conciencia, el sentimiento de ser ya la persona que quieres ser, de tener ya la cosa que deseas.

"Buscad primero el reino de Dios y su justicia, y todas estas cosas os serán añadidas".

MATEO 6:33

El reino (toda la creación) de Dios (tu YO SOY) está dentro de ti. La justicia es la conciencia de que ya lo posees todo.

PREGUNTAS Y RESPUESTAS DE REFLEXIÓN

1. ¿Cómo redefine el capítulo la justicia más allá de los contextos morales o religiosos?

- **Respuesta:** La rectitud se redefine como la conciencia de ser ya lo que uno quiere ser, en lugar de la adhesión a códigos morales o preceptos religiosos. Hace hincapié en un estado psicológico que conduce a la realización de los deseos, desplazando el foco del comportamiento externo a la conciencia interna.

-

2. ¿Qué significa "errar el blanco" y cómo se relaciona esto con el concepto de pecado?

- **Respuesta:** "Faltar el blanco" se refiere a no lograr los propios deseos o no ser la persona que uno desea ser, lo que se considera un pecado. Este concepto sugiere que el pecado no se trata simplemente de un fracaso moral, sino de una falta de alineación con el verdadero yo y las aspiraciones de uno.

-

3. ¿De qué maneras puede alguien ser "salvado del pecado" según este capítulo?

- **Respuesta:** Se puede "salvar del pecado" a una persona encarnando la rectitud, lo que significa adoptar la conciencia de ser ya lo que desea ser. Este cambio interno conduce a cambios tangibles en la vida de una persona, en contraposición a depender únicamente de acciones o creencias externas sin una alineación interna.

-

4. ¿Cuáles son los posibles peligros de centrarse en las posesiones materiales en lugar de en la rectitud al aplicar la ley de asunción?

- **Respuesta:** Centrarse en las posesiones materiales puede llevar a una comprensión superficial de la ley de la suposición, ya que pone énfasis en los resultados externos en lugar de la transformación interna. Este enfoque puede dar lugar a ganancias temporales sin lograr una verdadera realización, pasando por alto el cambio psicológico más profundo necesario para un cambio duradero.

-

5. ¿Cómo puede interpretarse la frase "Buscad primeramente el reino de Dios y su justicia" en el contexto del crecimiento personal y la autorrealización?

- **Respuesta:** Esta frase sugiere que priorizar la conciencia interna y la alineación con el verdadero yo (el reino de Dios) y la rectitud es esencial para el crecimiento personal. Cuando se establece este enfoque interno, los deseos y objetivos externos se manifestarán naturalmente como resultado de la transformación interna.

-

6. ¿Qué prácticas pueden ayudar a cultivar la conciencia de ser ya lo que deseas?

- **Respuesta:** Prácticas como la visualización, las afirmaciones, la meditación y el diario pueden ayudar a cultivar esta conciencia. Al realizar estas prácticas con regularidad, puedo reforzar la sensación de que ya poseo mis deseos, lo que hace que sea más fácil encarnar esa realidad en la vida diaria.

-

7. ¿Cómo sirven los ejemplos de la Biblia para ilustrar la importancia de la justicia en el contexto de la ley de asunción?

- **Respuesta:** Los ejemplos bíblicos resaltan que la verdadera rectitud va más allá de la adhesión superficial a las normas sociales y hace hincapié en una conciencia interna más profunda. Ilustran que el verdadero cambio y la realización surgen de encarnar los propios deseos internamente, alineándose con las enseñanzas de la ley de asunción.

-

8. ¿Qué significa que la justicia "supere la justicia de los escribas y fariseos"?

- **Respuesta:** Esto significa que uno debe ir más allá de simplemente seguir las expectativas sociales o buscar la aprobación de los demás. La verdadera rectitud implica una profunda alineación interna con los propios deseos y el yo auténtico, fomentando la realización genuina en lugar de una fachada de virtud.

-

9. ¿De qué manera puede la comprensión de la justicia como conciencia impactar tu vida diaria?

- **Respuesta:** Entender la rectitud como conciencia puede cambiar mi manera de abordar los desafíos y los deseos. Me anima a centrarme en cultivar los sentimientos y la mentalidad asociados con mis objetivos, lo que me lleva a tener un comportamiento más proactivo y alineado con mis aspiraciones, lo que en última instancia produce resultados más significativos.

-

10. ¿Cómo puedes aplicar el principio de rectitud en tu propia vida para fomentar un mayor sentido de realización y alineación con tus deseos?

- **Respuesta:** Puedo aplicar el principio de rectitud practicando conscientemente la autorreflexión, alineando mis pensamientos y sentimientos con el estado que deseo y participando en actividades que refuercen esta alineación. Al recordarme constantemente mi valor y la realidad de mis deseos, puedo fomentar un sentido más profundo de realización y propósito.

CAPÍTULO VEINTIUNO
LIBRE ALBEDRÍO

A menudo se plantea la pregunta: "¿qué debe hacerse entre la asunción del deseo cumplido y su realización?". Nada. Es un engaño que, aparte de asumir el sentimiento del deseo cumplido puedas hacer cualquier cosa para ayudar a la realización de tu deseo. Crees que puedes hacer algo, quieres hacer algo; pero, en realidad, no puedes hacer nada. La ilusión del libre albedrío para hacer no es más que la ignorancia de la ley de la asunción en la que se basa toda acción. Todo sucede automáticamente. Todo lo que te sucede, todo lo que haces, sucede. Tus suposiciones, conscientes o inconscientes, dirigen todo pensamiento y acción hacia su cumplimiento. Comprender la ley de la suposición, convencerse de su verdad, significa deshacerse de todas las ilusiones sobre el libre albedrío para actuar. En realidad, libre albedrío significa libertad para seleccionar cualquier idea que se desee. Al suponer que la idea ya es un hecho, se convierte en realidad. Más allá de eso, el libre albedrío termina y todo sucede en armonía con el concepto asumido.

"No puedo hacer nada por mí mismo... porque no busco mi voluntad, sino la voluntad del Padre que me envió".

En esta cita el Padre se refiere obviamente a Dios.En un capítulo anterior, Dios se define como YO SOY.Como la creación está terminada, el Padre nunca está en posición de decir "Yo seré".En otras palabras, todo existe y la conciencia infinita YO SOY sólo puede hablar en tiempo presente.

"No se haga mi voluntad, sino la tuya".

"Seré" es una confesión de que "no soy".La voluntad del Padre es siempre "YO SOY".Hasta que no te des cuenta de que TÚ eres el Padre (sólo hay un YO SOY y tu ser infinito es ese YO SOY) tu voluntad es siempre "Yo seré".

En la ley de la asunción tu conciencia de ser es la voluntad del Padre.El mero deseo sin esta conciencia es el "mi voluntad".Esta gran cita, tan poco comprendida, es una declaración perfecta de la ley de la asunción.

Es imposible hacer nada. Hay que ser para hacer.

Si tuvieras un concepto diferente de ti mismo, todo sería diferente. Tú eres lo que eres, así que todo es como es. Los acontecimientos que observas están determinados por el concepto que tienes de ti mismo. Si cambias el concepto que tienes de ti mismo, los acontecimientos que te esperan en el tiempo se alteran, pero, así alterados, vuelven a formar una secuencia determinista a partir del momento de este concepto cambiado. Eres un ser con poderes de intervención, que te permiten, mediante un cambio de conciencia, alterar el curso de los acontecimientos observados, de hecho, cambiar tu futuro.

Niega la evidencia de los sentidos, y asume el sentimiento del deseo cumplido. En la medida en que tu suposición es creativa y forma una atmósfera, tu suposición, si es noble, aumenta tu seguridad y te ayuda a alcanzar un nivel superior de ser. Si, por el contrario, tu suposición es poco hermosa, te obstaculiza y hace que tu camino descendente sea más rápido. Así como las suposiciones amorosas crean una atmósfera armoniosa, los sentimientos duros y amargos crean una atmósfera dura y amarga.

"Todo lo que es puro, justo, amable, de buen nombre, en esto pensad".

Esto significa hacer de tus suposiciones los conceptos más elevados, nobles y felices. No hay mejor momento para empezar que ahora. El momento presente es siempre el más oportuno para eliminar todas las suposiciones desagradables y concentrarse sólo en lo bueno. Al igual que tú, reclama para los demás su herencia Divina. Ve sólo su bien y el bien en ellos. Estimula lo más elevado de los demás hacia la confianza y la autoafirmación, mediante tu sincera asunción de su bien, y serás su profeta y su sanador, porque una realización inevitable espera a todas las suposiciones sostenidas.

Se gana por suposición lo que nunca se puede ganar por la fuerza. Una suposición es un cierto movimiento de la conciencia. Este movimiento, como todo movimiento, ejerce una influencia sobre la sustancia circundante, haciendo que tome la forma de la suposición, se haga eco de ella y la refleje. Un cambio de fortuna es una nueva dirección y perspectiva, simplemente un cambio en la disposición de la misma sustancia mental-conciencia.

Si quieres cambiar tu vida, debes comenzar en la fuente misma con tu propio concepto básico de ti mismo. El cambio exterior, formar parte de organizaciones, cuerpos políticos, cuerpos religiosos, no es suficiente. La causa es más profunda. El cambio esencial debe producirse en ti mismo, en tu propio concepto de ti mismo. Debes asumir que eres lo que quieres ser y continuar en ello, porque la realidad de tu suposición tiene su ser en completa independencia del hecho objetivo, y se revestirá de carne si persistes en el sentimiento del deseo cumplido. Cuando sepas que las suposiciones, si se persiste en ellas, se endurecen hasta convertirse en hechos, entonces los acontecimientos que a los no iniciados les parecen meros accidentes serán comprendidos por ti como los efectos lógicos e inevitables de tu suposición.

Lo importante es tener en cuenta que tienes infinito libre albedrío para elegir tus suposiciones, pero ningún poder para determinar las condiciones y los acontecimientos. No puedes crear nada, pero tu suposición determina qué parte de la creación experimentarás.

PREGUNTAS Y RESPUESTAS DE REFLEXIÓN

1. ¿Cuál es el argumento principal sobre el libre albedrío presentado en este capítulo?

- **Respuesta:** El capítulo sostiene que el libre albedrío es en gran medida una ilusión. Aunque las personas pueden creer que pueden actuar de forma independiente, todas sus acciones están en realidad dirigidas por sus suposiciones. El verdadero ejercicio del libre albedrío consiste en elegir las propias suposiciones en lugar de intentar controlar los resultados externos.

-

2. ¿Cómo se relaciona el concepto del "Padre" con la idea del libre albedrío y la ley de asunción?

- **Respuesta:** En este contexto, "el Padre" representa la conciencia infinita YO SOY. Esta conciencia habla en tiempo presente, enfatizando que todo existe ahora. Entender esta conexión ayuda a las personas a comprender que la verdadera voluntad no tiene que ver con intenciones futuras, sino con encarnar la realidad presente de sus deseos a través de sus suposiciones.

-

3. ¿Qué implica la afirmación "Es imposible hacer algo. Es necesario existir para poder hacer" sobre la identidad y la acción personal?

- **Respuesta:** Esta afirmación implica que la identidad y el estado de ánimo de una persona son fundamentales para cualquier acción que emprenda. Antes de poder actuar eficazmente en pos de un objetivo, primero debe adoptar la mentalidad y la identidad asociadas a ese objetivo, lo que pone de relieve la importancia de la transformación interna por sobre la acción externa.

-

4. ¿Cómo influye el cambio de concepto que uno tiene de sí mismo en los acontecimientos futuros, según este capítulo?

- **Respuesta:** Cambiar el concepto que uno tiene de sí mismo altera el curso de los acontecimientos observados. Una vez que se adopta un nuevo concepto, se crea una secuencia determinista que moldea las experiencias futuras, lo que demuestra que el cambio interno tiene un impacto directo en la realidad externa.

-

5. ¿Qué papel juegan las suposiciones en la creación de la atmósfera y las experiencias de una persona?

- **Respuesta:** Las suposiciones crean una atmósfera que influye en las experiencias e interacciones de las personas. Las suposiciones nobles y positivas fomentan un entorno de apoyo y armonía, mientras que las suposiciones negativas conducen a dificultades y negatividad. Esto ilustra el poder de la mentalidad para moldear la realidad.

-

6. ¿Cómo sugiere el capítulo que se debe abordar el momento presente en relación con los supuestos?

- **Respuesta:** El capítulo anima a las personas a considerar el momento presente como la oportunidad perfecta para eliminar las suposiciones negativas y centrarse en pensamientos positivos y edificantes. Al hacerlo, uno puede moldear activamente su realidad y sus experiencias.

-

7. ¿Qué significa "reclamar para los demás su herencia divina" y cómo puede esto afectar las relaciones?

- **Respuesta:** Esto significa reconocer y afirmar el valor y el potencial inherentes de los demás. Al fomentar una creencia positiva en su bondad y sus capacidades, puede inspirarles confianza y autoafirmación. Este enfoque no solo eleva a los demás, sino que también fortalece las relaciones y promueve una comunidad solidaria.

-

8. ¿Por qué se enfatiza que no puedes crear nada, pero tus suposiciones determinan qué porción de la creación experimentarás?

- **Respuesta:** Esta distinción pone de relieve que, si bien los individuos no pueden crear nuevas realidades de la nada, sí pueden elegir en qué aspectos de la realidad existente centrarse y plasmar a través de sus suposiciones. Esta perspectiva permite a los individuos reconocer su influencia sobre sus experiencias sin sobrestimar su control sobre las condiciones externas.

-

9. ¿De qué manera la comprensión del libre albedrío y sus suposiciones puede conducir a la transformación personal?

- **Respuesta:** Comprender que el libre albedrío reside en la elección de supuestos permite a las personas hacerse responsables de sus pensamientos y creencias. Al seleccionar conscientemente supuestos positivos, las personas pueden facilitar la transformación personal, lo que conduce a una vida más plena y con más intención.

-

10. ¿Cómo se puede practicar la aplicación de la ley de suposición en la vida diaria para alinearse más estrechamente con los resultados deseados?

- **Respuesta:** Se puede practicar la ley de la suposición participando regularmente en la visualización, las afirmaciones y la reflexión consciente para reforzar la sensación de que ya somos lo que deseamos. Al encarnar constantemente esta mentalidad y alinear los pensamientos y las acciones con el estado deseado, las personas pueden comenzar a manifestar esos resultados en sus vidas.

CAPÍTULO VEINTIDÓS

PERSISTENCIA

"Y les dijo: ¿Quién de vosotros tiene un amigo, y va a él a medianoche, y le dice: Amigo, préstame tres panes; porque ha venido a mí un amigo mío de viaje, y no tengo qué ponerle delante? y él, desde dentro, responde y dice: No me molestes; la puerta está cerrada ahora, y mis hijos están conmigo en la cama; no puedo levantarme y darte. Yo os digo: Aunque no se levante y le dé, porque es su amigo, por su importunidad se levantará y le dará cuantos necesite. Y yo os digo: Pedid, y se os dará; buscad, y hallaréis; llamad, y se os abrirá."

LUCAS 11:5-9

Hay tres personajes principales en esta cita: tú y los dos amigos mencionados. El primer amigo es un estado de conciencia deseado. El segundo amigo es un deseo que busca su realización. Tres es el símbolo de la totalidad, de la culminación. Los panes simbolizan la sustancia. La puerta cerrada simboliza los sentidos que separan lo que se ve de lo que no se ve. Los niños en la cama simbolizan las ideas latentes. Incapacidad para elevarse significa que un estado de conciencia deseado no puede elevarse hacia ti, tú debes elevarte hacia él. Importunidad significa exigir persistencia, una especie de descarada insolencia. Pedir, buscar y llamar significa asumir la conciencia de que ya tienes lo que deseas.

Así, las escrituras te dicen que debes persistir en elevarte a (asumir) la conciencia de que tu deseo ya se ha cumplido. La promesa es definitiva: si eres descarado en tu impudicia al asumir que ya tienes lo que tus sentidos niegan, se te dará, tu deseo se cumplirá.

La Biblia enseña la necesidad de persistir mediante el uso de muchas historias. Cuando Jacob pidió una bendición al Ángel con quien luchaba, le dijo

"No te soltaré si no me bendices".

Cuando la sunamita buscó la ayuda de Eliseo, dijo,

"Vive el Señor, y vive tu alma, que no te dejaré, y él se levantó y la siguió".

La misma idea se expresa en otro pasaje.

"Y les refirió una parábola para que los hombres orasen siempre, y no desmayasen, diciendo: Había en una ciudad un juez que no temía a Dios ni estimaba a los hombres; y había en aquella ciudad una viuda, la cual vino a él, diciendo: Hazme justicia de mi adversario. Y él no quiso por algún tiempo; pero después dijo dentro de sí: Aunque no temo a Dios ni estimo a los hombres, ya que esta viuda me molesta, la vengaré, no sea que me canse con sus continuas venidas."

LUCAS 18:1-5

La verdad básica que subyace en cada una de estas historias es que el deseo surge de la conciencia del logro final y que la persistencia en mantener la conciencia de que el deseo ya se ha cumplido da como resultado su cumplimiento.

No basta con sentirse en el estado de la oración respondida; hay que persistir en ese estado. Esa es la razón del mandato "el hombre debe orar siempre y no desmayar"; aquí, orar significa dar gracias por tener ya lo que deseas. Sólo la persistencia en la suposición del deseo cumplido puede causar esos cambios sutiles en tu mente que resultan en el cambio deseado en tu vida. No importa si son "Ángeles", "Eliseos" o "jueces reacios"; todos deben responder en armonía con tu persistente suposición. Cuando parece que otras personas de tu mundo no actúan contigo como te gustaría, no se debe a su renuencia, sino a la falta de persistencia en tu suposición de que tu vida ya es como quieres que sea. Tu asunción para que sea efectiva no puede ser un solo acto aislado; debe ser una actitud mantenida del deseo cumplido.

PREGUNTAS Y RESPUESTAS DE REFLEXIÓN

1. ¿Cuál es el significado de los tres personajes de la cita bíblica analizada en este capítulo?

- **Respuesta:** Los tres personajes simbolizan diferentes aspectos de la ley de asunción: el primer amigo representa el estado de conciencia deseado, el segundo amigo simboliza el deseo que busca su cumplimiento y los panes significan la sustancia o realidad de esos deseos. Esta tríada enfatiza la idea de totalidad y la interconexión entre el deseo y la conciencia.

-

2. ¿Cómo interpreta el capítulo la puerta cerrada y la imposibilidad de levantarse?

- **Respuesta:** La puerta cerrada representa los sentidos que separan el mundo visible de las posibilidades invisibles de la conciencia. La incapacidad de elevarse indica que uno debe elevar su propia conciencia para alinearse con su estado deseado en lugar de esperar a que las circunstancias externas cambien.

-

3. ¿Qué significa "importunidad" en el contexto de la persistencia y por qué es importante?

- **Respuesta:** La importunidad se refiere a la persistencia desvergonzada o a la exigencia insistente en la consecución de los propios deseos. Es crucial porque significa la determinación de mantener la sensación del deseo cumplido, incluso ante la negación de los sentidos. Esta actitud persistente es esencial para manifestar los propios deseos.

-

4. ¿Por qué es necesario no sólo sentir el deseo cumplido sino persistir en ese estado?

- **Respuesta:** Es esencial mantener el estado del deseo cumplido porque los sentimientos momentáneos no son suficientes para crear un cambio duradero. La persistencia en ese estado garantiza que la mente experimente los cambios sutiles necesarios para que la realidad deseada se manifieste en la vida de uno.

-

5. ¿Qué lecciones se pueden extraer de las historias de Jacob, la mujer sunamita y la viuda que busca justicia?

- **Respuesta:** Estas historias ilustran el poder de la perseverancia y la fe inquebrantable en el cumplimiento de los deseos. Cada personaje ejemplifica cómo mantener una fuerte conciencia de lo que deseaban lograr finalmente condujo a su éxito, lo que refuerza el mensaje de que la creencia y la suposición persistentes pueden conducir a la manifestación.

-

6. ¿Cómo se relaciona el mandato "el hombre debe orar siempre y no desmayar" con la ley de asunción?

- **Respuesta:** Este mandato enfatiza la importancia de la gratitud constante y el reconocimiento de los propios deseos como ya cumplidos. Sugiere que la asunción constante y persistente, en lugar de pensamientos esporádicos o fugaces, es la clave para alcanzar los resultados deseados.

-

7. ¿Qué significa que las suposiciones sean una "actitud mantenida" y por qué es esto importante?

- **Respuesta:** Una actitud sostenida significa que uno debe mantener y encarnar de manera consistente la creencia en el cumplimiento de sus deseos a lo largo del tiempo. Esto es importante porque garantiza que la mentalidad de uno se mantenga alineada con sus metas, lo que le permite superar los obstáculos y las resistencias de su entorno.

-

8. ¿Cómo se puede practicar la persistencia en sus suposiciones de manera efectiva?

- **Respuesta:** Se puede practicar la persistencia realizando regularmente ejercicios de visualización, afirmaciones y gratitud que refuercen el sentimiento de haber logrado ya los deseos. Crear una rutina diaria que incorpore estas prácticas puede ayudar a mantener una mentalidad constante centrada en el deseo cumplido.

-

9. ¿Cuáles podrían ser algunos de los desafíos para mantener una actitud persistente y cómo se pueden superar?

- **Respuesta:** Los desafíos pueden incluir dudas, circunstancias externas negativas y la influencia de las acciones de los demás. Superar estos desafíos requiere una fuerte conciencia de uno mismo, la capacidad de redirigir el foco hacia las propias suposiciones y el compromiso de fomentar un diálogo interno positivo que refuerce el estado deseado.

-

10. ¿De qué manera la comprensión del papel de la persistencia en la ley de asunción puede conducir al empoderamiento personal?

- **Respuesta:** Reconocer que la persistencia es un elemento crucial de la manifestación empodera a las personas al poner la responsabilidad de sus resultados en sus propias manos. Cambia el enfoque de las condiciones externas a las creencias internas, lo que permite a las personas crear activamente sus realidades deseadas a través del pensamiento y la suposición sostenidos.

CAPÍTULO VEINTITRÉS
HISTORIAS DE CASOS

En este punto será de gran utilidad citar una serie de ejemplos concretos de aplicación con éxito de esta ley. Se presentan casos reales. En cada uno de ellos se define claramente el problema y se describe detalladamente la forma en que se utilizó la imaginación para alcanzar el estado de conciencia requerido. En cada uno de estos casos el autor de este libro estuvo personalmente involucrado o fue informado de los hechos por la persona implicada.

ESTUDIO DE CASO 1

Esta es una historia cuyos detalles conozco personalmente.

En la primavera de 1943, un soldado recién reclutado fue destinado a un gran campamento militar en Luisiana. Tenía muchas ganas de abandonar el ejército, pero sólo de una forma totalmente honorable.

La única manera de hacerlo era solicitar la baja. La solicitud necesitaba la aprobación de su oficial al mando para hacerse efectiva. Según el reglamento del ejército, la decisión del oficial al mando era definitiva e inapelable. El soldado, siguiendo todos los procedimientos necesarios, solicitó la baja. Al cabo de cuatro horas, la solicitud le fue devuelta con la mención "no aprobado". Convencido de que no podía apelar la decisión ante ninguna autoridad superior, militar o civil, se volvió hacia su propia conciencia, decidido a confiar en la ley de la asunción.

El soldado se dio cuenta de que su conciencia era la única realidad, que su particular estado de conciencia determinaba los acontecimientos que iba a encontrar.

Esa noche, en el intervalo entre acostarse y dormirse, se concentró en utilizar conscientemente la ley de la presunción. Imaginó que se encontraba en su apartamento de Nueva York. Visualizó su apartamento, es decir, con los ojos de su mente vio realmente su propio apartamento, imaginándose mentalmente cada una de las habitaciones familiares con todo el mobiliario vívidamente real.

Con esta imagen claramente visualizada, y tumbado boca arriba, se relajó físicamente por completo. De este modo se indujo un estado próximo al sueño, manteniendo al mismo tiempo el control de la dirección de su atención. Cuando su cuerpo quedó completamente inmovilizado, creyó estar en su propia habitación y sintió que estaba tumbado en su propia cama, una sensación muy diferente a la de estar tumbado en un catre del ejército. Imaginando, se levantó de la cama y caminó de una habitación a otra tocando varios muebles. Luego se acercó a la ventana y, con las manos apoyadas en el alféizar, contempló la calle a la que daba su apartamento. Tan vívido era todo esto en su imaginación que vio con detalle la acera, las barandillas, los árboles y el familiar ladrillo rojo del edificio del lado opuesto de la calle. Luego volvió a la cama y sintió que se dormía. Sabía que lo más importante para utilizar con éxito esta ley era que, en el momento de quedarse dormido, su conciencia estuviera llena de la suposición de que ya era lo que quería ser. Todo lo que hacía en su imaginación se basaba en la suposición de que ya no estaba en el ejército. Noche tras noche, el soldado representaba este drama. Noche tras noche se imaginaba a sí mismo, licenciado con honores, de vuelta en su casa, viendo todo lo que le era familiar y quedándose dormido en su propia cama. Esto continuó durante ocho noches. Durante ocho días su experiencia objetiva continuó siendo directamente opuesta a su experiencia subjetiva en la conciencia cada noche, antes de irse a dormir. Al noveno día llegaron órdenes del cuartel general del batallón para que el soldado rellenara una nueva solicitud de baja. Poco después se le ordenó presentarse en el despacho del coronel. Durante la conversación, el coronel le preguntó si seguía deseando dejar el ejército. Al recibir una respuesta afirmativa, el Coronel le dijo que personalmente no estaba de acuerdo, y que aunque tenía fuertes objeciones para aprobar la baja, había decidido pasar por alto estas objeciones y aprobarla. En pocas horas la solicitud fue aprobada y el soldado, ahora civil, estaba en un tren rumbo a casa.

ESTUDIO DE CASO 2

Ésta es la sorprendente historia de un empresario de gran éxito que demuestra el poder de la imaginación y la ley de la suposición. Conozco íntimamente a esta familia, y todos los detalles me los contó el hijo aquí descrito.

La historia comienza cuando él tenía veinte años. Era el penúltimo de una familia numerosa de nueve hermanos y una hermana. El padre era uno de los socios de una pequeña empresa comercial. A los dieciocho años, el hermano al que se refiere esta historia dejó el país en el que vivían y viajó tres mil kilómetros para ingresar en la universidad y completar su educación. Poco después de su primer año en la universidad fue llamado a casa debido a un trágico suceso relacionado con el negocio de su padre. Por las maquinaciones de sus socios, el padre no sólo se vio obligado a abandonar su negocio, sino que fue objeto de falsas acusaciones que impugnaban su carácter e integridad. Al mismo tiempo, se le privó de su legítima participación en el capital de la empresa.

El resultado fue que se encontró muy desacreditado y casi sin un céntimo. Fue en estas circunstancias que el hijo fue llamado a casa desde la universidad.

Volvió con el corazón lleno de una gran determinación. Estaba decidido a triunfar en los negocios. Lo primero que hicieron él y su padre fue utilizar el poco dinero que tenían para abrir su propio negocio. Alquilaron una pequeña tienda en una calle lateral, no lejos del gran negocio del que el padre había sido uno de los principales propietarios.

Allí empezaron un negocio dedicado al servicio real de la comunidad. Fue poco después cuando el hijo, con la conciencia instintiva de que estaba destinado a funcionar, utilizó deliberadamente la imaginación para alcanzar un objetivo casi fantástico.

Todos los días, al ir y volver del trabajo, pasaba por delante del edificio de la antigua empresa de su padre, la mayor del país en su género. Era uno de los edificios más grandes, con la ubicación más prominente en el corazón de la ciudad. En el exterior del edificio había un enorme cartel con el nombre de la empresa pintado en grandes letras. Día tras día, al pasar por delante, un gran sueño tomaba forma en la mente del hijo. Pensaba en lo maravilloso que sería que fuera su familia la que tuviera este gran edificio, su familia la que poseyera y gestionara este gran negocio.

Un día, mientras contemplaba el edificio, en su imaginación vio un nombre completamente distinto en el enorme cartel de la entrada. Ahora las grandes letras deletreaban el apellido de su familia (en estas historias no se utilizan nombres reales; en aras de la claridad en esta historia utilizaremos nombres hipotéticos y supondremos que el apellido del hijo era Lordard).

Donde el letrero decía F. N. Moth & Co., en su imaginación vio realmente el nombre, letra por letra, J. N. Lordard & Sons. Se quedó mirando el cartel con los ojos muy abiertos, imaginando que ponía J. N. Lordard & Sons. Dos veces al día, semana tras semana, mes tras mes, durante dos años, vio el nombre de su familia sobre la fachada de aquel edificio. Estaba convencido de que si sentía con suficiente fuerza que una cosa era cierta, estaba destinada a serlo, y al ver imaginariamente el nombre de su familia en el letrero -lo que implicaba que eran los dueños del negocio- se convenció de que algún día serían los dueños.

Durante este periodo sólo le contó a una persona lo que estaba haciendo. Se lo confió a su madre, que con cariñosa preocupación trató de desanimarle para protegerle de lo que podría ser una gran decepción. A pesar de ello, persistió día tras día. Dos años más tarde, la gran empresa quebró y el codiciado edificio se puso a la venta. El día de la venta no parecía estar más cerca de la propiedad que dos años antes, cuando empezó a aplicar la ley de la asunción. Durante ese periodo habían trabajado duro y sus clientes tenían una confianza implícita en ellos. Sin embargo, no habían ganado nada parecido a la cantidad de dinero necesaria para la compra de la propiedad. Tampoco disponían de ninguna fuente de la que pudieran obtener el capital necesario. La posibilidad de conseguirlo era aún más remota si se tenía en cuenta que se trataba de la propiedad más deseada de la ciudad y que muchos hombres de negocios adinerados estaban dispuestos a comprarla. El día de la venta, para su sorpresa, un hombre, casi un desconocido, entró en su tienda y se ofreció a comprarles la propiedad. (Debido a unas condiciones poco habituales en esta transacción, la familia del hijo ni siquiera pudo hacer una oferta por la propiedad). Pensaron que el hombre estaba bromeando. Pero no era así.

El hombre les explicó que los había observado durante algún tiempo, que admiraba su capacidad, que creía en su integridad y que proporcionarles el capital para que iniciaran un negocio a gran escala era para él una inversión muy sólida. Ese mismo día la propiedad era suya. Lo que el hijo se había empeñado en ver en su imaginación era ahora una realidad. La corazonada del forastero estaba más que justificada. Hoy esta familia no sólo es propietaria de la empresa en cuestión, sino de muchas de las mayores industrias del país en el que viven.

El hijo, al ver el nombre de su familia sobre la entrada de este gran edificio, mucho antes de que estuviera realmente allí, estaba utilizando exactamente la técnica que produce resultados. Asumiendo la sensación de que ya tenía lo que deseaba -haciendo de ello una realidad vívida en su imaginación-, mediante una persistencia decidida, independientemente de la apariencia o las circunstancias, inevitablemente provocó que su sueño se convirtiera en realidad.

ESTUDIO DE CASO 3

Esta es la historia de un resultado muy inesperado de una entrevista con una señora que vino a consultarme.

Una tarde vino a verme una joven abuela, empresaria de Nueva York. Traía consigo a su nieto de nueve años, que la visitaba desde su casa de Pensilvania. En respuesta a sus preguntas, le expliqué la ley de la suposición, describiendo detalladamente el procedimiento a seguir para alcanzar un objetivo. El niño se sentó tranquilamente, aparentemente absorto en un pequeño camión de juguete, mientras yo le explicaba a la abuela el método para asumir el estado de conciencia que le correspondería si su deseo ya se hubiera cumplido. Le conté la historia del soldado en el campamento que cada noche se dormía imaginando que estaba en su propia cama, en su propia casa.

Cuando el chico y su abuela se marchaban, me miró con gran emoción y dijo: "Sé lo que quiero y, ahora, sé cómo conseguirlo". Sorprendido, le pregunté qué quería y me dijo que quería un cachorro. La abuela protestó enérgicamente, diciéndole que le había dejado claro en repetidas ocasiones que no podía tener un perro bajo ninguna circunstancia . . que su padre y su madre no lo permitirían, que el chico era demasiado joven para cuidarlo adecuadamente y que, además, el padre sentía una profunda aversión por los perros; de hecho, odiaba tener uno cerca.

El niño, que deseaba apasionadamente tener un perro, se negó a entender todos estos argumentos. "Ahora ya sé lo que tengo que hacer", dijo. "Todas las noches, cuando me vaya a dormir, fingiré que tengo un perro y que vamos a dar un paseo". "No", dijo la abuela, "eso no es lo que el Sr. Neville quiere decir. Esto no era para ti. No puedes tener un perro".

Aproximadamente seis semanas después, la abuela me contó lo que para ella era una historia asombrosa. El deseo del niño de tener un perro era tan intenso que había asimilado todo lo que yo le había dicho a su abuela sobre cómo conseguir el deseo de uno - y creía implícitamente que por fin sabía cómo conseguir un perro.

Poniendo en práctica esta creencia, durante muchas noches el niño imaginó que un perro yacía en su cama junto a él. En su imaginación acariciaba al perro sintiendo realmente su pelaje. Cosas como jugar con el perro y sacarlo a pasear llenaban su mente.

Al cabo de unas semanas ocurrió. Un periódico de la ciudad en la que vivía el niño organizó un programa especial con motivo de la Semana de la Bondad hacia los Animales. Se pidió a todos los escolares que escribieran una redacción sobre "Por qué me gustaría tener un perro". Después de que todos los colegios enviaran y evaluaran sus redacciones, se anunció el ganador del concurso. El ganador fue el mismo chico que semanas antes me había dicho en mi apartamento de Nueva York: "Ahora sé cómo tener un perro". En una ceremonia muy elaborada, a la que se dio publicidad con historias y fotos en el periódico, el chico recibió un precioso cachorro de collie.

Al relatar esta historia, la abuela me dijo que si al niño le hubieran dado el dinero con el que comprar un perro, los padres se habrían negado a hacerlo y lo habrían utilizado para comprarle un bono o para ingresarlo en la caja de ahorros. Es más, si alguien le hubiera regalado un perro al chico, lo habrían rechazado o lo habrían regalado. Pero la dramática manera en que el niño consiguió el perro, la forma en que ganó el concurso de la ciudad, las historias y fotos en el periódico, el orgullo del logro y la alegría del propio niño se combinaron para provocar un cambio en el corazón de los padres, y se encontraron haciendo lo que nunca habían concebido posible: le permitieron quedarse con el perro.

Todo esto me lo explicó la abuela, y concluyó diciendo que había un tipo particular de perro en el que el niño había puesto su corazón. Era un collie.

ESTUDIO DE CASO 4

La tía de la historia la contó a todo el público al final de una de mis conferencias.

Durante el turno de preguntas que siguió a mi conferencia sobre la ley de la presunción, una señora que había asistido a muchas conferencias y me había consultado personalmente en varias ocasiones se levantó y pidió permiso para contar una historia que ilustraba cómo había utilizado con éxito la ley.

Contó que, al volver a casa de la conferencia de la semana anterior, había encontrado a su sobrina angustiada y terriblemente alterada. El marido de la sobrina, que era oficial de las Fuerzas Aéreas del Ejército destinado en Atlantic City, acababa de recibir la orden, junto con el resto de su unidad, de ir al servicio activo en Europa. Con lágrimas en los ojos le dijo a su tía que el motivo de su disgusto era que esperaba que su marido fuera destinado a Florida como Instructor. Ambos adoraban Florida y estaban ansiosos por ser destinados allí y no separarse. Al oír esta historia, la tía afirmó que sólo había una cosa que hacer y era aplicar inmediatamente la ley de asunción. "Vamos a actualizarlo", dijo. "Si estuvieras en Florida, ¿qué harías? Sentirías la brisa cálida. Olerías el aire salado. Sentirías los dedos de los pies hundiéndose en la arena. Pues hagamos todo eso ahora mismo".

Se quitaron los zapatos y, apagando las luces, en su imaginación se sintieron realmente en Florida sintiendo la brisa cálida, oliendo el aire del mar, hundiendo los dedos de los pies en la arena.

Cuarenta y ocho horas más tarde, el marido recibió un cambio de órdenes. Sus nuevas instrucciones eran presentarse inmediatamente en Florida como instructor del Ejército del Aire. Cinco días más tarde su mujer tomaba un tren para reunirse con él. Aunque la tía, con el fin de ayudar a su sobrina a alcanzar su deseo, se unió a ella para asumir el estado de conciencia requerido, no fue a Florida.

Ese no era su deseo. Por otro lado, ese era el intenso anhelo de la sobrina.

ESTUDIO DE CASO 5

Este caso es especialmente interesante por el breve intervalo de tiempo transcurrido entre la aplicación de esta ley de asunción y su manifestación visible.

Una mujer muy prominente acudió a mí profundamente preocupada. Mantenía un precioso apartamento en la ciudad y una gran casa de campo; pero como las muchas demandas que se le hacían eran mayores que sus modestos ingresos, era absolutamente esencial que alquilara su apartamento si ella y su familia iban a pasar el verano en su casa de campo.

En años anteriores, el apartamento se había alquilado sin problemas a principios de la primavera, pero el día que acudió a mí, la temporada de alquileres de verano había terminado. El apartamento llevaba meses en manos de los mejores agentes inmobiliarios, pero nadie se había interesado siquiera en venir a verlo.

Cuando me describió su situación, le expliqué cómo aplicar la ley de la suposición para resolver su problema. Le sugerí que si imaginaba que el piso había sido alquilado por una persona que deseaba ocuparlo inmediatamente y suponía que así era, su piso estaría realmente alquilado. Para crear la sensación de naturalidad necesaria -la sensación de que ya era un hecho que su piso estaba alquilado- le sugerí que se durmiera esa misma noche, imaginándose a sí misma, no en su piso, sino en el lugar en el que dormiría si el piso se alquilara de repente. Ella captó rápidamente la idea y dijo que, en tal situación, dormiría en su casa de campo, aunque aún no estuviera abierta para el verano.

La entrevista tuvo lugar el jueves. A las nueve de la mañana del sábado siguiente me telefoneó desde su casa de campo, emocionada y feliz. Me dijo que el jueves por la noche se había dormido imaginando y sintiendo que dormía en su otra cama, en su casa de campo, a muchos kilómetros de distancia del apartamento que ocupaba en la ciudad. El viernes, al día siguiente, un inquilino muy deseable, que cumplía todos sus requisitos como persona responsable, no sólo alquiló el apartamento, sino que lo hizo con la condición de que podía mudarse ese mismo día.

ESTUDIO DE CASO 6

Sólo el uso más completo e intenso de la ley de asunción podría haber producido tales resultados en esta situación extrema.

Hace cuatro años, un amigo de la familia me pidió que hablara con su hijo de veintiocho años, del que no se esperaba que viviera.

Sufría una rara enfermedad cardíaca. Esta enfermedad provocaba la desintegración del órgano. Los largos y costosos cuidados médicos no habían servido de nada. Los médicos no daban esperanzas de recuperación. Durante mucho tiempo, el hijo estuvo postrado en cama. Su cuerpo se había reducido casi a un esqueleto y sólo podía hablar y respirar con gran dificultad. Su mujer y sus dos hijos pequeños estaban en casa cuando llamé, y su mujer estuvo presente durante toda nuestra conversación.

Empecé diciéndole que sólo había una solución para cualquier problema, y que esa solución era un cambio de actitud. Como la conversación le dejaba exhausto, le pedí que asintiera con la cabeza si entendía claramente lo que le decía. Aceptó. Le describí los hechos subyacentes a la ley de la conciencia, de hecho, que la conciencia era la única realidad. Le dije que la manera de cambiar cualquier condición era cambiar su estado de conciencia con respecto a ella. Como ayuda específica para ayudarle a asumir la sensación de estar ya bien, le sugerí que, imaginariamente, viera la cara del médico expresando un asombro incrédulo al encontrarle recuperado, en contra de toda razón, de las últimas fases de una enfermedad incurable, que le viera comprobarlo dos veces en su examen y le oyera decir una y otra vez: "Es un milagro, es un milagro." No sólo entendió todo esto claramente, sino que lo creyó implícitamente. Prometió que seguiría fielmente este procedimiento. Su esposa, que había estado escuchando atentamente, me aseguró que ella también utilizaría diligentemente la ley de la suposición y su imaginación del mismo modo que su marido. Al día siguiente me embarqué para Nueva York, todo ello durante unas vacaciones de invierno en los trópicos. Varios meses después recibí una carta en la que me decían que el hijo se había recuperado milagrosamente.

En mi siguiente visita le conocí en persona. Gozaba de perfecta salud, se dedicaba activamente a los negocios y disfrutaba plenamente de las numerosas actividades sociales de sus amigos y familiares.

Me dijo que desde el día en que me fui nunca había tenido ninguna duda de que "aquello" funcionaría. Describió cómo había seguido fielmente la sugerencia que yo le había hecho y día tras día había vivido completamente en la suposición de estar ya bien y fuerte.

Ahora, cuatro años después de su recuperación, está convencido de que la única razón por la que está hoy aquí se debe a que utilizó con éxito la ley de la presunción.

ESTUDIO DE CASO 7

Esta historia ilustra el uso exitoso de la ley por un ejecutivo de negocios de Nueva York.

En el otoño de 1950, un ejecutivo de uno de los bancos más importantes de Nueva York discutió conmigo un grave problema al que se enfrentaba. Me dijo que sus perspectivas de progreso y avance personal eran muy sombrías. Habiendo alcanzado la mediana edad y sintiendo que estaba justificada una notable mejora en su posición e ingresos, lo había "hablado" con sus superiores. Le dijeron francamente que era imposible una mejora importante y le insinuaron que, si no estaba satisfecho, podía buscar otro trabajo. Esto, por supuesto, no hizo más que aumentar su malestar. En nuestra conversación explicó que no tenía grandes deseos de ganar mucho dinero, pero que tenía que tener unos ingresos sustanciales para poder mantener su casa cómodamente y costear la educación de sus hijos en buenas escuelas preparatorias y universidades. Esto le resultaba imposible con sus ingresos actuales. La negativa del banco a asegurarle un ascenso en un futuro próximo le produjo un sentimiento de descontento y un intenso deseo de asegurarse una posición mejor con bastante más dinero. Me confió que el tipo de trabajo que más le gustaría en el mundo sería uno en el que gestionara los fondos de inversión de una gran institución, como una fundación o una gran universidad.

Al explicarle la ley de la suposición, le dije que su situación actual no era más que una manifestación del concepto que tenía de sí mismo y le dije que si quería cambiar las circunstancias en las que se encontraba, podía hacerlo cambiando el concepto que tenía de sí mismo. Para provocar este cambio de conciencia y, por consiguiente, un cambio en su situación, le pedí que siguiera este procedimiento todas las noches justo antes de dormirse: Imaginando que se retiraba al final de uno de los días más importantes y exitosos de su vida. Debía imaginar que ese mismo día había cerrado un trato para incorporarse al tipo de organización en la que anhelaba estar y exactamente en el puesto que deseaba. Le sugerí que si lograba llenar por completo su mente con este sentimiento, experimentaría una clara sensación de alivio. En este estado de ánimo, su inquietud y descontento serían cosa del pasado. Sentiría la satisfacción que viene con el cumplimiento del deseo. Terminé asegurándole que si lo hacía fielmente, conseguiría inevitablemente el puesto que deseaba.

Era la primera semana de diciembre. Noche tras noche, sin excepción, siguió este procedimiento. A principios de febrero, un director de una de las fundaciones más ricas del mundo preguntó a este ejecutivo si estaría interesado en incorporarse a la fundación en calidad de ejecutivo encargado de las inversiones. Tras una breve discusión, aceptó.

Hoy, con unos ingresos sustancialmente superiores y con la seguridad de un progreso constante, este hombre se encuentra en una posición que supera con creces todo lo que había esperado.

ESTUDIO DE CASO 8

El hombre y la mujer de esta historia han asistido a mis conferencias durante varios años. Es un ejemplo interesante del uso consciente de esta ley por parte de dos personas que se concentran al mismo tiempo en el mismo objetivo.

Este hombre y su esposa eran una pareja excepcionalmente devota. Su vida era completamente feliz y carecía de problemas o frustraciones.

Hacía tiempo que planeaban mudarse a un piso más grande. Cuanto más lo pensaban, más se daban cuenta de que lo que querían era un bonito ático. Al discutirlo juntos, el marido explicó que quería uno con una ventana enorme que diera a una vista magnífica. La mujer dijo que le gustaría tener un lado de las paredes espejado de arriba abajo. Ambos querían una chimenea de leña. Era "imprescindible" que el apartamento estuviera en Nueva York.

Durante meses habían buscado en vano un apartamento así. De hecho, la situación en la ciudad era tal que conseguir cualquier tipo de apartamento era casi imposible. Eran tan escasos que no sólo había listas de espera para conseguirlos, sino que había todo tipo de tratos especiales que incluían primas, la compra de muebles, etc. Los apartamentos nuevos se alquilaban mucho antes de que estuvieran terminados, y muchos se alquilaban a partir de los planos del edificio.

A principios de primavera, tras meses de búsqueda infructuosa, por fin localizaron uno que consideraron seriamente. Era un ático en un edificio que acababan de terminar en la Quinta Avenida, frente a Central Park. Tenía un grave inconveniente. Al ser un edificio nuevo, no estaba sujeto al control de alquileres, y a la pareja le pareció que el alquiler anual era desorbitado. De hecho, era varios miles de dólares al año más de lo que habían considerado pagar. Durante los meses de primavera de marzo y abril siguieron mirando varios áticos por toda la ciudad, pero siempre volvían a éste. Finalmente decidieron aumentar sustancialmente la cantidad que pagarían e hicieron una propuesta que el agente del edificio accedió a remitir a los propietarios para su consideración.

Fue entonces cuando, sin discutirlo entre ellos, decidieron aplicar la ley de asunción. Más tarde, cada uno se enteró de lo que había hecho el otro. Noche tras noche, ambos se dormían imaginariamente en el apartamento que estaban considerando. El marido, con los ojos cerrados, imaginaba que la ventana de su habitación daba al parque. Imaginaba que se acercaba a la ventana a primera hora de la mañana y disfrutaba de las vistas. Se imaginaba sentado en la terraza con vistas al parque, tomando un cóctel con su mujer y sus amigos, todos disfrutando a tope. Llenó su mente de sensaciones reales en el ático y en la terraza. Durante todo este tiempo, sin que él lo supiera, su mujer estaba haciendo lo mismo.

Pasaron varias semanas sin que los propietarios tomaran ninguna decisión, pero cada noche, al dormirse, seguían imaginando que dormían en el ático.

Un día, para su sorpresa, uno de los empleados del edificio en el que vivían les dijo que el ático estaba libre. Se quedaron atónitos, porque el suyo era uno de los edificios más deseados de la ciudad, con una ubicación perfecta en pleno Central Park.

Sabían que había una larga lista de espera de personas que intentaban conseguir un apartamento en su edificio. El hecho de que inesperadamente hubiera quedado libre un ático fue mantenido en secreto por la dirección porque no estaban en condiciones de considerar a ningún solicitante para él. Al enterarse de que estaba libre, esta pareja solicitó inmediatamente que se lo alquilaran, pero le dijeron que era imposible. El hecho era que no sólo había varias personas en lista de espera para un ático en el edificio, sino que en realidad estaba prometido a una familia. A pesar de ello, la pareja mantuvo una serie de reuniones con la dirección, al término de las cuales el apartamento era suyo.

Como el edificio estaba sometido a un control de alquileres, la renta que pagaban era más o menos la que habían previsto pagar cuando empezaron a buscar un ático. La ubicación, el apartamento en sí y la gran terraza que lo rodea por el sur, el oeste y el norte superaron todas sus expectativas, y en el salón, en uno de los lados, hay una ventana gigante de 4,5 por 4,5 metros con una magnífica vista de Central Park; una de las paredes tiene espejos desde el suelo hasta el techo, y hay una chimenea de leña.

PREGUNTAS Y RESPUESTAS DE REFLEXIÓN

1. ¿Qué tema común comparten todos los estudios de caso de este capítulo con respecto a la ley de asunción?

- **Respuesta:** El tema común es el poder de la imaginación y la creencia persistente en el cumplimiento de los deseos. Cada individuo en los estudios de caso utilizó activamente su imaginación para crear una imagen mental vívida del resultado deseado, lo que finalmente condujo a su manifestación en la realidad.

-

2. En el primer caso de estudio, ¿cómo aplicó el soldado eficazmente la ley de asunción para lograr su objetivo?

- **Respuesta:** El soldado se visualizó en su propio apartamento, sintiendo la realidad de estar en casa y acostado en su propia cama. Al asumir constantemente este estado de conciencia antes de quedarse dormido, creó un entorno mental que se alineaba con su deseo de licenciarse, que finalmente se convirtió en realidad.

-

3. ¿Qué papel jugó la persistencia en el éxito del empresario en el segundo caso de estudio?

- **Respuesta:** La persistencia fue crucial para que el empresario mantuviera su visión de que su apellido figurara en el edificio a pesar de los desafíos y las dudas. Su creencia inquebrantable y la visualización diaria de su objetivo lo mantuvieron alineado con su deseo, lo que finalmente

condujo a la oportunidad inesperada que convirtió su sueño
en realidad.

-

**4. ¿Cómo la interacción de la abuela y el nieto ilustra el
impacto de la creencia en la manifestación de deseos?**

- **Respuesta:** La abuela inicialmente desestimó el deseo del
niño de tener un perro, pero la firme creencia del niño en la
ley de la suposición le permitió visualizar y sentir la presencia
de un perro en su vida. Su imaginación concentrada lo llevó
a ganar un cachorro en un concurso, lo que demuestra cómo
la fe puede superar los obstáculos externos.

-

**5. ¿Qué podemos aprender de los resultados del
ejercicio de visualización de la sobrina en el cuarto
estudio de caso?**

- **Respuesta:** La visualización de la sobrina de estar en
Florida, combinada con el apoyo de su tía, provocó un rápido
cambio en las órdenes de su esposo. Esto ilustra la eficacia
de sumergirse en la experiencia deseada y el poder de la
asunción colectiva cuando se comparte con otras personas
que apoyan sus objetivos.

-

**6. ¿De qué manera cada estudio de caso resalta la
importancia del compromiso emocional en la
visualización?**

- **Respuesta:** Cada estudio de caso enfatiza que el compromiso emocional (como sentir la alegría de lograr un deseo, experimentar el entorno vívidamente o encarnar el estado de realización) es esencial para una visualización eficaz. Esta conexión emocional fortalece la suposición y ayuda a cerrar la brecha entre la imaginación y la realidad.

-

7. ¿A qué obstáculos se enfrentaron las personas en los estudios de caso y cómo los superaron?

- **Respuesta:** Los individuos se enfrentaron al escepticismo, la falta de recursos y circunstancias externas que parecían contrarias a sus deseos. Superaron estos obstáculos mediante una creencia inquebrantable, persistencia en sus suposiciones y un compromiso centrado en visualizar los resultados deseados, alineando finalmente su realidad con sus intenciones.

-

8. ¿Cómo se refleja el concepto de tiempo en los estudios de caso y en la ley de suposición?

- **Respuesta:** El tiempo se describe como un constructo flexible; los individuos no vieron resultados inmediatos, pero mantuvieron sus suposiciones de manera consistente a lo largo del tiempo. Su persistencia y dedicación finalmente condujeron a manifestaciones que se alinearon con sus deseos, lo que enfatiza que la paciencia es clave en el proceso de realización.

-

9. ¿Qué revela la reacción de la madre del empresario sobre las percepciones de la familia respecto a los sueños ambiciosos?

- **Respuesta:** El desánimo inicial de la madre del empresario pone de relieve la tendencia de los seres queridos a protegerse de posibles decepciones. Sin embargo, también demuestra que la firme creencia en la propia visión a veces puede conducir a resultados sorprendentes, lo que sugiere que el escepticismo externo no debería disuadir la ambición y la imaginación personales.

-

10. ¿Cómo pueden los lectores aplicar las lecciones de estos estudios de caso a sus propias vidas?

- **Respuesta:** Los lectores pueden aplicar estas lecciones identificando sus deseos, visualizando vívidamente los resultados deseados y manteniendo una creencia persistente en su cumplimiento. Involucrarse emocionalmente con su visión, practicar la ley de la suposición a diario y estar abiertos a oportunidades inesperadas puede ayudarlos a manifestar sus metas de manera efectiva.

-

11. ¿Cuál es el principio primario ilustrado en estos estudios de caso?

- **Respuesta:** El principio primario ilustrado es la ley de la suposición, que establece que la conciencia y las creencias de una persona dan forma a su realidad. Las personas en los estudios de caso manifestaron con éxito sus deseos al imaginar y sentir como si los resultados deseados ya fueran ciertos.

-

12. ¿Cómo utilizó el soldado del caso de estudio 1 la ley de asunción para lograr su objetivo?

- **Respuesta:** El soldado se visualizó en su apartamento de la ciudad de Nueva York, sumergiéndose por completo en esa realidad imaginaria cada noche antes de quedarse dormido. Al asumir persistentemente la condición de civil, finalmente manifestó su baja del ejército.

-

13. En el caso de estudio 2, ¿qué papel jugó la persistencia en el éxito del hijo?

- **Respuesta:** La perseverancia fue crucial. A pesar de enfrentarse al desánimo de los demás, el hijo se mantuvo fiel a su visión de que su familia fuera dueña de un negocio exitoso. Su creencia inquebrantable y su constante visualización llevaron a que su familia tuviera la oportunidad inesperada de adquirir el negocio deseado.

-

14. ¿Qué cambios emocionales o psicológicos experimentaron la abuela y el nieto en el caso de estudio 3?

- **Respuesta:** La abuela pasó del escepticismo al ánimo, mientras que el nieto pasó de sentirse impotente ante su deseo de tener un perro a sentirse empoderado al comprender la ley de la suposición. Este cambio le permitió visualizar de manera efectiva y, finalmente, recibir el resultado deseado.

-

15. ¿Cómo ilustra la experiencia de la mujer del caso de estudio 5 la eficacia de la ley de asunción para superar obstáculos?

- **Respuesta:** La capacidad de la mujer para imaginar que su apartamento ya estaba alquilado, a pesar de los desafíos y las limitaciones de tiempo, demuestra cómo la ley de la suposición puede crear una sensación de confianza y claridad. Al sentir que su problema ya estaba resuelto, atrajo a un inquilino adecuado casi de inmediato.

-

16. ¿Qué lección se puede aprender del estudio de caso 6 con respecto a la salud y las creencias?

- **Respuesta:** Este caso demuestra que la creencia en la posibilidad de recuperación puede tener un impacto significativo en los resultados de salud. La dedicación del hijo a imaginarse que estaba bien condujo a su notable recuperación, lo que pone de relieve la conexión entre el estado mental y la salud física.

-

17. ¿De qué manera la pareja del caso de estudio 8 complementó sus esfuerzos al aplicar la ley de asunción?

- **Respuesta:** Sin saberlo, la pareja alineó sus intenciones y visualizaciones, y ambos se centraron en el mismo resultado: conseguir el ático de sus sueños. Sus esfuerzos combinados intensificaron su creencia en alcanzar su objetivo, que finalmente se materializó de manera fortuita.

-

18. Reflexiona sobre una meta o un deseo personal que tengas. ¿Cómo podrías aplicar la ley de la suposición para ayudar a manifestarlo?

- **Respuesta:** Para aplicar la ley de la suposición, podría empezar por definir claramente mi objetivo, visualizarlo como si ya lo hubiera logrado y sentir las emociones asociadas con ese éxito. Al reforzar constantemente esta creencia antes de dormir y a lo largo del día, puedo cambiar mi mentalidad y abrirme a oportunidades que se alineen con el resultado deseado.

CAPÍTULO VEINTICUATRO

FALLO

Este libro no estaría completo sin un análisis de los fracasos en el uso de la ley de suposición. Es muy posible que usted haya tenido o tendrá una serie de fracasos en este sentido, muchos de ellos en asuntos realmente importantes. Si, habiendo leído este libro, teniendo un conocimiento profundo de la aplicación y funcionamiento de la ley de la suposición, la aplicas fielmente en un esfuerzo por alcanzar algún deseo intenso y fracasas, ¿cuál es la razón? Si a la pregunta "¿persististe lo suficiente?", puedes responder que sí, y aun así no se realizó el logro de tu deseo, ¿cuál es la razón del fracaso?

La respuesta a esta pregunta es el factor más importante para utilizar con éxito la ley de la suposición. El tiempo que tarda su suposición en convertirse en un hecho, su deseo en realizarse, es directamente proporcional a la naturalidad de su sentimiento de ser ya lo que quiere ser, de tener ya lo que desea.

El hecho de que no te parezca natural ser lo que imaginas ser es el secreto de tu fracaso. Independientemente de tu deseo, independientemente de lo fiel e inteligentemente que sigas la ley, si no sientes natural lo que quieres ser, no lo serás. Si no te parece natural conseguir un trabajo mejor, no lo conseguirás. Todo este principio se expresa vívidamente en la frase bíblica "morirás en tus pecados": no trascenderás de tu nivel actual al estado deseado.

¿Cómo se puede conseguir esta sensación de naturalidad? El secreto está en una palabra: la imaginación. Por ejemplo, ésta es una ilustración muy sencilla. Suponga que está encadenado a un gran banco de hierro. No podría correr, ni siquiera caminar. En estas circunstancias, no sería natural que corriera. Ni siquiera podría sentir que le resulta natural correr. Pero podrías imaginarte fácilmente corriendo. En ese instante, mientras tu conciencia está llena de tu carrera imaginada, has olvidado que estás atado. En la imaginación, tu carrera era completamente natural.

La sensación esencial de naturalidad puede lograrse llenando persistentemente tu conciencia de imaginación, imaginándote a ti mismo siendo lo que quieres ser o teniendo lo que deseas.

El progreso sólo puede surgir de tu imaginación, de tu deseo de trascender tu nivel actual. Lo que debes sentir verdadera y literalmente es que, con tu imaginación, todo es posible. Debes darte cuenta de que los cambios no se producen por capricho, sino por un cambio de conciencia. Puede que no consigas alcanzar o mantener el estado de conciencia particular necesario para producir el efecto que deseas. Pero, una vez que sepas que la conciencia es la única realidad y es la única creadora de tu mundo particular y hayas grabado a fuego esta verdad en todo tu ser, entonces sabrás que el éxito o el fracaso están enteramente en tus propias manos. El hecho de que seas o no lo suficientemente disciplinado como para mantener el estado de conciencia requerido en casos específicos no tiene ninguna relación con la verdad de la ley en sí misma: que una suposición, si se persiste en ella, se convertirá en un hecho. La certeza de la verdad de esta ley debe permanecer a pesar de las grandes decepciones y tragedias, incluso cuando "veas que la luz de la vida se apaga y que todo el mundo sigue como si todavía fuera de día". No debes creer que porque tu suposición no se materializó, la verdad de que las suposiciones sí se materializan es una mentira. Si tus suposiciones no se cumplen es por algún error o debilidad en tu conciencia. Sin embargo, estos errores y debilidades pueden superarse. Por lo tanto, avanza hacia la consecución de niveles cada vez más elevados sintiendo que ya eres la persona que quieres ser. Y recuerda que el tiempo que tarda tu suposición en convertirse en realidad es proporcional a la naturalidad de serlo.

"El hombre se rodea de la verdadera imagen de sí mismo. Cada espíritu se construye una casa y más allá de su casa un mundo, y más allá de su mundo un cielo. Sepa, pues, que el mundo existe para usted. Para ti el fenómeno es perfecto. Lo que somos, eso sólo podemos ver. Todo lo que Adán tenía, todo lo que César podía, tú lo tienes y lo puedes hacer. Adán llamó a su casa, cielo y tierra. César llamó a su casa, Roma; tú quizá llames a la tuya oficio de zapatero; cien acres de tierra, o buhardilla de erudito. Sin embargo, línea por línea y punto por punto, tu dominio es tan grande como el de ellos, aunque sin nombre. Construye, pues, tu propio mundo. Tan pronto como conformes tu vida a la idea pura en tu mente, eso desplegará su gran proporción."

EMERSON

PREGUNTAS Y RESPUESTAS DE REFLEXIÓN

1. ¿Cuál es la principal razón de fracaso al aplicar la ley de asunción, según el capítulo?

- **Respuesta:** La principal causa del fracaso es la falta de naturalidad en la sensación de ya ser o tener lo que se desea. Si no te resulta natural alcanzar tu objetivo, es poco probable que tu suposición se materialice.

-

2. ¿Cómo propone el autor lograr un sentimiento de naturalidad en relación con los deseos?

- **Respuesta:** El autor sugiere que la sensación de naturalidad se logra con el uso persistente de la imaginación. Al imaginarse continuamente que uno es o tiene lo que desea, se puede crear una sensación de realidad en torno a esa suposición.

-

3. ¿Qué analogía utiliza el autor para explicar el concepto de sentirse natural ante una suposición?

- **Respuesta:** El autor utiliza la analogía de estar encadenado a un pesado banco de hierro. Incluso si uno no puede correr físicamente, puede imaginar que corre. En ese momento de imaginación, correr se siente natural, lo que ilustra que nuestra conciencia puede trascender las limitaciones físicas a través de la imaginación.

-

4. ¿Cómo se pueden superar los errores o debilidades de la conciencia que impiden la manifestación de los deseos?

- **Respuesta:** Se pueden superar los errores o las debilidades reconociendo que la conciencia es la única creadora de la propia realidad. Al comprometerse a mantener el estado de conciencia deseado e imaginarse persistentemente como lo que uno desea ser, los individuos pueden alinear gradualmente su realidad con sus deseos.

-

5. ¿Cuál es el significado de la cita de Emerson al final del capítulo?

- **Respuesta:** La cita enfatiza que los individuos crean sus propias realidades en función de su autoimagen y creencias. Destaca el poder de la imaginación y la autopercepción para dar forma al mundo propio y alienta a los lectores a construir sus vidas en consonancia con sus ideales.

-

6. Reflexiona sobre una experiencia personal en la que sentiste que no lograste cumplir un deseo usando la ley de la suposición. ¿Qué puedes identificar como la posible razón de este fracaso?

- **Respuesta:** En una experiencia personal de no haber alcanzado un resultado deseado, puedo identificar que me faltó sentido de naturalidad. Quizás no creí del todo en mi capacidad para alcanzar el objetivo o me sentí desconectado de él, lo que afectó mi compromiso con el supuesto. Esta reflexión puede orientarme para mejorar mi planteamiento en futuros intentos.

-

7. ¿Qué medidas puedes tomar para garantizar que mantengas un sentimiento natural hacia tus objetivos mientras utilizas la ley de suposición?

- **Respuesta:** Para mantener un sentimiento natural hacia mis objetivos, puedo practicar regularmente técnicas de visualización, crear afirmaciones que resuenen conmigo y rodearme de influencias que me apoyen y refuercen mi creencia en los resultados que deseo. Además, puedo llevar un diario sobre mis experiencias y sentimientos para hacer un seguimiento de mi progreso y reforzar la naturalidad de mis suposiciones.

-

8. ¿Cómo desafía este capítulo su comprensión actual del éxito y el fracaso?

- **Respuesta:** Este capítulo desafía mi comprensión al sugerir que el fracaso no es un reflejo de la validez de la ley de la suposición, sino más bien una indicación de mis sistemas de creencias internos. Me impulsa a reconsiderar cómo percibo los reveses y me anima a centrarme en mejorar mi conciencia y mi alineación emocional con mis deseos.

CAPÍTULO VEINTICINCO
FE

**"Milagro es el nombre que dan, los que
que no tienen fe, a las obras de la fe".**

"La fe es la sustancia de las cosas que se esperan, la evidencia de las cosas que no se ven".

HEB. 11:1

La razón misma de la ley de la suposición está contenida en esta cita. Si no existiera una profunda conciencia de que aquello que esperas tiene sustancia y es posible de alcanzar, sería imposible asumir la conciencia de serlo o de tenerlo. Es el hecho de que la creación está terminada y todo existe lo que te incita a la esperanza, y la esperanza, a su vez, implica expectativa, y sin expectativa de éxito sería imposible utilizar conscientemente la ley de la asunción. "La evidencia es signo de actualidad. Así, esta cita significa que la fe es la conciencia de la realidad de aquello que se supone. En consecuencia, es obvio que la falta de fe significa incredulidad en la existencia de aquello que deseas. En la medida en que lo que experimentas es la reproducción fiel de tu estado de conciencia, la falta de fe significará el fracaso perpetuo en cualquier uso consciente de la ley de la suposición.

En todas las épocas de la historia, la fe ha desempeñado un papel fundamental. Impregna todas las grandes religiones del mundo, está entretejida en toda la mitología y, sin embargo, hoy en día, es casi universalmente incomprendida.

Contrariamente a la opinión popular, la eficacia de la fe no se debe a la acción de ningún agente externo. Es, de principio a fin, una actividad de tu propia conciencia.

La Biblia está llena de muchas afirmaciones sobre la fe, cuyo verdadero significado pocos conocen. He aquí algunos ejemplos típicos:

"A nosotros se nos predicó el evangelio, lo mismo que a ellos; pero la palabra predicada no les aprovechó, al no mezclarse con la fe en los que la oyeron."

HEB. 4:2

En esta cita el "nosotros" y "ellos" dejan claro que todos oímos el evangelio. "Evangelio" significa buenas noticias. Muy obviamente buenas noticias para ti sería que hubieras alcanzado tu deseo. Esto siempre te lo "predica" tu ser infinito. Escuchar que lo que deseas existe y sólo necesitas aceptarlo en conciencia es una buena noticia. No "mezclar con fe" significa negar la realidad de aquello que deseas. De ahí que no haya "provecho" (logro) posible.

"Oh generación incrédula y perversa, hasta cuándo estaré con vosotros".

MATEO. 17:17

El significado de "infiel" ha quedado claro. "Perversa" significa girada en sentido contrario, es decir, la conciencia de no ser lo que se quiere ser. Ser infiel, es decir, no creer en la realidad de lo que asumes, es ser perverso. "Cuánto tiempo estaré contigo" significa que el cumplimiento de tu deseo depende de que cambies al estado de conciencia correcto. Es como si lo que deseas te dijera que no será tuyo hasta que cambies de ser infiel y perverso a la rectitud. Como ya se ha dicho, la rectitud es la conciencia de ser ya lo que quieres ser.

"Por la fe abandonó a Egipto, no temiendo la ira del rey; porque soportó, como viendo al que es invisible".

HEB. 11:27

"Egipto" significa oscuridad, creencia en muchos dioses (causas). El "rey" simboliza el poder de las condiciones o circunstancias externas. "Él" es el concepto que tienes de ti mismo como si ya fueras lo que quieres ser. "Persistir como ver al que es invisible" significa persistir en la suposición de que tu deseo ya se ha cumplido. Por lo tanto, esta cita significa que al persistir en la suposición de que ya eres la persona que quieres ser, te elevas por encima de toda duda, miedo y creencia en el poder de las condiciones o circunstancias externas; y tu mundo inevitablemente se ajusta a tu suposición.

Las definiciones de fe del diccionario:

"el ascenso de la mente o el entendimiento hacia la verdad; la adhesión inquebrantable a un principio"

son tan pertinentes que bien podrían haberse escrito pensando en la ley de la suposición.

La fe no cuestiona, la fe sabe.

PREGUNTAS Y RESPUESTAS DE REFLEXIÓN

1. ¿Cuál es la relación entre la fe y la ley de asunción tal como se describe en el capítulo?

- **Respuesta:** El capítulo enfatiza que la fe es crucial para usar eficazmente la ley de asunción. La fe proporciona la conciencia de que lo que esperas es alcanzable, lo que te permite asumir la conciencia de que ya lo eres o lo tienes. Sin fe, la incredulidad en la existencia de tus deseos conduce al fracaso en la manifestación de ellos.

-

2. ¿Cómo interpreta el autor la cita bíblica: "La fe es la certeza de lo que se espera, la convicción de lo que no se ve"?

- **Respuesta:** El autor interpreta esta cita en el sentido de que la fe sirve como base de lo que esperamos lograr y es la garantía de que nuestros deseos existen en un estado no físico. La fe actúa como un puente entre nuestra realidad actual y la realización de nuestros deseos, reforzando la idea de que nuestras suposiciones pueden materializarse en la realidad.

-

3. ¿Por qué afirma el autor que la fe es una actividad de la propia conciencia y no una influencia de un agente externo?

- **Respuesta:** El autor afirma que la fe se origina en uno mismo porque es una creencia y convicción personal que moldea la conciencia. Destaca que el poder de manifestar deseos reside en la mentalidad y las creencias de un individuo, en lugar de depender de fuerzas o entidades externas.

-

4. ¿Qué implica la frase "mezclarse con la fe" en el contexto del evangelio que se predica?

- **Respuesta:** "Mezclar con fe" implica que para que la buena noticia (la realización de los deseos) tenga un efecto beneficioso, uno debe creer en esos deseos y aceptar su realidad. Sin esa creencia, el mensaje de éxito potencial es ineficaz y conduce a la falta de realización.

-

5. Reflexiona sobre el significado de la cita: "¡Oh generación incrédula y perversa! ¿Hasta cuándo estaré con vosotros?". ¿Qué sugiere sobre la relación entre la fe y el logro de los deseos?

- **Respuesta:** Esta cita sugiere que para alcanzar los deseos es necesario un cambio de conciencia, desde la incredulidad (falta de fe) a la creencia (fidelidad). Implica que la satisfacción depende de reconocer y aceptar la realidad de lo que uno quiere, destacando que la duda y la negatividad obstaculizan el progreso.

6. ¿Cómo se puede aplicar el ejemplo de "abandonar Egipto" al crecimiento personal y a la superación de obstáculos?

- **Respuesta:** "Abandonar Egipto" representa el acto de desprenderse de creencias limitantes y temores externos que inhiben el progreso. En el crecimiento personal, esto significa superar las dudas y las presiones sociales creyendo firmemente en la propia capacidad para alcanzar los deseos. Persistir en la suposición del éxito permite a los individuos trascender los obstáculos.

7. ¿Qué quiere decir el autor cuando afirma que "la fe no cuestiona, la fe sabe"? ¿Cómo puede esta perspectiva cambiar su forma de abordar los desafíos?

- **Respuesta:** Esta afirmación implica que la verdadera fe es una creencia segura en el cumplimiento de los deseos sin dudas ni cuestionamientos. Adoptar esta perspectiva puede cambiar la forma en que uno aborda los desafíos al fomentar una mentalidad de certeza y confianza en las propias capacidades, lo que facilita la búsqueda de objetivos con resiliencia y determinación.

-

8. ¿De qué manera puedes cultivar un sentido más profundo de fe en tu propia vida para apoyar el uso de la ley de asunción?

- **Respuesta:** Para cultivar un sentido más profundo de fe, puedo realizar afirmaciones diarias que refuercen mi creencia en mis capacidades y deseos, practicar técnicas de visualización para conectarme emocionalmente con mis metas y reflexionar sobre éxitos pasados para generar confianza. Rodearme de influencias positivas y practicar la gratitud también puede mejorar mi fe en el proceso de manifestación.

CAPÍTULO VEINTISÉIS

DESTINO

Tu destino es aquello que inevitablemente debes vivir. En realidad, es un número infinito de destinos individuales, cada uno de los cuales, una vez alcanzado, es el punto de partida de un nuevo destino.

Puesto que la vida es infinita, el concepto de un destino último es inconcebible. Cuando comprendemos que la conciencia es la única realidad, sabemos que es la única creadora. Esto significa que tu conciencia es la creadora de tu destino. El hecho es que estás creando tu destino a cada momento, lo sepas o no. Muchas cosas buenas e incluso maravillosas han llegado a tu vida sin que tuvieras la menor idea de que eras su creador.

Sin embargo, la comprensión de las causas de tu experiencia y el conocimiento de que eres el único creador de los contenidos de tu vida, tanto buenos como malos, no sólo te convierten en un observador mucho más agudo de todos los fenómenos, sino que, a través de la conciencia del poder de tu propia conciencia, intensifican tu apreciación de la riqueza y la grandeza de la vida.

Independientemente de las experiencias ocasionales en sentido contrario, tu destino es elevarte a estados de conciencia cada vez más altos y traer a la manifestación más y más de las infinitas maravillas de la creación. En realidad, estás destinado a alcanzar el punto en el que te des cuenta de que, a través de tu propio deseo, puedes crear conscientemente tus destinos sucesivos.

El estudio de este libro, con su detallada exposición de la conciencia y el funcionamiento de la ley de la asunción, es la llave maestra para la consecución consciente de tu destino más elevado.

Este mismo día comienza tu nueva vida. Acércate a cada experiencia con una nueva mentalidad, con un nuevo estado de conciencia. Asume lo más noble y lo mejor para ti en todos los aspectos y continúa en ello.

Crea que las grandes maravillas son posibles.

PREGUNTAS Y RESPUESTAS DE REFLEXIÓN

1. ¿Qué quiere decir el autor cuando afirma que el destino consiste en un número infinito de destinos individuales?

- **Respuesta:** El autor sugiere que el destino no es un camino único y fijo, sino una serie de experiencias dinámicas y en constante evolución. Cada destino alcanzado sirve como un nuevo punto de partida para un mayor crecimiento y exploración, lo que resalta la naturaleza continua del desarrollo y la creación personal.

-

2. ¿Cómo influye el concepto de la conciencia como único creador en nuestra comprensión del destino?

- **Respuesta:** Al reconocer la conciencia como la única creadora, comprendemos que nuestros pensamientos, creencias y sentimientos moldean nuestras experiencias y resultados. Esto nos permite asumir la responsabilidad de nuestras vidas, sabiendo que tenemos la capacidad de influir en nuestro destino a través de nuestra mentalidad y nuestras decisiones.

-

3. ¿Cuál es la importancia de ser conscientes de que creamos experiencias tanto positivas como negativas en nuestras vidas?

- **Respuesta:** Reconocer que somos los creadores de experiencias tanto buenas como malas fomenta un sentido de empoderamiento y responsabilidad. Nos anima a reflexionar sobre nuestras creencias y actitudes, lo que permite el crecimiento personal y la oportunidad de elegir conscientemente un camino más positivo y satisfactorio en el futuro.

-

4. ¿De qué maneras se puede crear conscientemente el destino sucesivo, según el capítulo?

- Respuesta: Se pueden crear destinos sucesivos de manera consciente adoptando una mentalidad de posibilidad, utilizando la ley de la suposición para visualizar y encarnar los resultados deseados y abordando cada experiencia con un nuevo estado de conciencia. Esto implica establecer intenciones claras, practicar la gratitud y mantener la creencia en el potencial de crecimiento y cambio.

-

5. ¿Qué sugiere la frase "Haz como si nada: las grandes maravillas son posibles" acerca de la naturaleza de la imaginación y la creencia en la configuración del destino?

- Respuesta: Esta frase enfatiza el poder de la imaginación y la creencia para manifestar deseos. Sugiere que al imaginar un futuro mejor y creer en su posibilidad, podemos alinear nuestra conciencia con esas aspiraciones, haciendo que sea más probable que se materialicen en nuestras vidas.

-

6. ¿Cómo podemos aplicar las enseñanzas de este capítulo para comenzar una nueva vida hoy?

- **Respuesta:** Para comenzar una nueva vida hoy, uno puede adoptar una perspectiva nueva al dejar atrás creencias y suposiciones limitantes, establecer intenciones positivas para sus experiencias y visualizar los resultados que desea lograr. Practicar la atención plena, las afirmaciones y la gratitud también puede ayudar a reforzar un nuevo estado de conciencia alineado con sus aspiraciones más elevadas.

-

7. ¿Qué pasos prácticos puedes dar para elevarte a estados superiores de conciencia y manifestar más maravillas de la vida?

- **Respuesta:** Los pasos prácticos incluyen prácticas diarias de visualización, mantener un diario de gratitud, participar en la autorreflexión para identificar creencias limitantes, rodearse de influencias positivas y buscar activamente nuevas experiencias que desafíen y amplíen la comprensión de las posibilidades.

-

8. Piensa en un momento en el que sentiste que estabas creando tu destino. ¿Qué actitud o acciones contribuyeron a esa experiencia?

- **Respuesta:** Si reflexionamos sobre una experiencia personal, es posible que recordemos un período en el que nos propusimos objetivos y visualizamos objetivos, en el que una visión clara guió nuestras acciones y decisiones. Entre los factores que contribuyeron a esta experiencia se encuentran una actitud positiva, relaciones de apoyo y la voluntad de asumir riesgos y aceptar el cambio.

CAPÍTULO VEINTISIETE

REVERENCIA

**"Nunca hubieras hecho
nada si Tú no lo hubieras amado".**

SABIDURÍA 11:24

En toda la creación, en toda la eternidad, en todos los reinos de tu ser infinito el hecho más maravilloso es el que se subraya en el primer capítulo de este libro. Tú eres Dios. Tú eres el "Yo soy el que soy". Tú eres la conciencia. Tú eres el creador. Este es el misterio, este es el gran secreto conocido por los videntes, profetas y místicos a través de los tiempos. Esta es la verdad que nunca podrás conocer intelectualmente. ¿Quién eres tú? Que seas tú, John Jones o Mary Smith es absurdo. Es la conciencia la que sabe que eres John Jones o Mary Smith. Es tu yo más grande, tu yo más profundo, tu ser infinito. Llámalo como quieras. Lo importante es que está dentro de ti, que eres tú, que es tu mundo. Es este hecho el que subyace a la inmutable ley de la asunción. Sobre este hecho se construye tu propia existencia. Es este hecho el fundamento de cada capítulo de este libro. No, no puedes saberlo intelectualmente, no puedes debatirlo, no puedes corroborarlo. Sólo puedes sentirlo. Sólo puedes ser consciente de ello.

Al ser consciente de ello, una gran emoción impregna tu ser. Vives con un perpetuo sentimiento de reverencia. El conocimiento de que tu creador es el ser mismo de ti mismo y que nunca te habría creado si no te hubiera amado debe llenar tu corazón de devoción, sí, de adoración. Una mirada consciente al mundo que te rodea en cualquier instante de tiempo es suficiente para llenarte de profundo asombro y de un sentimiento de adoración.

Es cuando tu sentimiento de reverencia es más intenso cuando estás más cerca de Dios y cuando estás más cerca de Dios tu vida es más rica.

**"Nuestros sentimientos más profundos son precisamente los que
menos capaces de expresar, e incluso en el acto
de adoración, el silencio es nuestra mayor alabanza".**

PREGUNTAS Y RESPUESTAS DE REFLEXIÓN

1. ¿Qué quiere decir el autor cuando afirma: "Tú eres Dios" y "Tú eres conciencia"?

- Respuesta: El autor enfatiza que cada individuo encarna la esencia de la creación y la divinidad. Esto significa que nuestra verdadera naturaleza no se limita a nuestras identidades físicas, sino que tiene sus raíces en una conciencia mayor que nos conecta con el universo y con todos los seres vivos. Reconocer esto nos permite comprender nuestro papel como cocreadores de nuestra realidad.

-

2. ¿Qué papel desempeña el concepto de reverencia en nuestra comprensión de nosotros mismos y del mundo?

- Respuesta: La reverencia fomenta un profundo respeto y admiración por nosotros mismos y por la creación que nos rodea. Este sentimiento mejora nuestra conexión con lo divino y fomenta un sentido de gratitud y aprecio por la vida. Nos impulsa a abordar nuestra existencia y nuestras experiencias con humildad y con el deseo de honrar la interconexión de todos los seres.

-

3. ¿Cuál es la importancia de sentirse amado como aspecto fundamental de la existencia?

- **Respuesta:** Reconocer que fuimos creados a partir del amor nos infunde un sentido de dignidad y pertenencia. Esta conciencia nos permite cultivar la autoaceptación y la compasión, no solo por nosotros mismos sino también por los demás. Cuando entendemos que el amor está en el centro de nuestro ser, influye en la forma en que interactuamos con el mundo y con los demás.

-

4. ¿Cómo podemos cultivar un sentido más profundo de reverencia en nuestra vida diaria?

- **Respuesta:** Se puede cultivar la reverencia mediante prácticas de atención plena, como la meditación, llevar un diario de gratitud y pasar tiempo en la naturaleza. Tomarse unos momentos para hacer una pausa y reflexionar sobre la belleza de la existencia, reconocer el milagro de la vida y practicar la apreciación tanto de las pequeñas como de las grandes experiencias puede profundizar esta sensación de asombro y conexión.

-

5. ¿De qué manera puede el sentimiento de reverencia enriquecer la vida y las relaciones de una persona?

- **Respuesta:** Un mayor sentido de reverencia puede generar mayor empatía, compasión y comprensión en las relaciones. Anima a las personas a valorar la singularidad de los demás y a reconocer la experiencia humana compartida. Este sentimiento también puede mejorar la realización personal, haciendo que uno esté más abierto a la alegría y a la maravilla en los momentos cotidianos.

-

6. ¿Cómo se relaciona la afirmación "Nuestros sentimientos más profundos son precisamente aquellos que menos podemos expresar" con sus propias experiencias de reverencia o asombro?

- Respuesta: Esta afirmación pone de relieve las limitaciones del lenguaje para transmitir emociones profundas. Muchas personas pueden encontrar que sus experiencias de admiración o reverencia son difíciles de articular, lo que refleja la profundidad de esos sentimientos. Esto puede generar una sensación de comprensión compartida entre las personas, donde la apreciación silenciosa funciona como una forma poderosa de conexión.

-

7. ¿Qué quiere decir el autor cuando sugiere que "el silencio es nuestro mayor elogio"?

- Respuesta: La idea de que "el silencio es nuestra mayor alabanza" sugiere que las formas más profundas de adoración y aprecio a menudo trascienden las palabras. En momentos de profunda reverencia, el silencio puede convertirse en una poderosa expresión de gratitud y conexión con lo divino, permitiendo a las personas sentir y encarnar sus emociones sin necesidad de verbalizarlas.

-

8. Piensa en un momento en el que sentiste un profundo sentimiento de reverencia. ¿Cuáles fueron las circunstancias y cómo te afectaron?

- **Respuesta:** Al reflexionar sobre una experiencia personal, uno podría recordar un momento en la naturaleza, como ver una puesta de sol o presenciar un acto de bondad. Estos momentos suelen evocar una fuerte respuesta emocional que aporta claridad, paz y un sentido de pertenencia, y nos recuerda la belleza y la interconexión de la vida.

TEMAS CLAVE

YO SOY

Según El poder de la conciencia, de Neville Goddard, un concepto central es "YO SOY", que representa la conciencia fundamental que tiene un individuo de su existencia. Goddard explica que la conciencia es la base de toda experiencia y realidad, y que la forma en que una persona se identifica a sí misma a través de su "YO SOY" influye profundamente en su mundo exterior. Afirma que este "YO SOY" no es una simple afirmación de existencia, sino la autodefinición de Dios dentro de cada individuo. En opinión de Goddard, esta frase encierra la esencia de la divinidad y el poder creativo, lo que significa que al moldear el concepto que uno tiene de sí mismo mediante las afirmaciones "YO SOY", moldea activamente las circunstancias y condiciones de su vida. El concepto hace hincapié en la indivisibilidad de la conciencia, sugiriendo que, independientemente de las etiquetas o roles externos que adopte una persona -sea rica, pobre, sana o enferma-, su conciencia central del ser, su "YO SOY", permanece constante y es la causa última de todas las manifestaciones de su vida. A través de esta idea, Goddard anima a las personas a reclamar conscientemente identidades potenciadoras, sabiendo que la autodefinición que mantienen influye en todo lo que experimentan.

-

CONCIENCIA

Según El poder de la consciencia, de Neville Goddard, la consciencia se presenta como la única realidad, la base fundamental de todas las experiencias de la vida. Goddard afirma que todo lo que los individuos encuentran en el mundo material no es más que una proyección de su propia conciencia. Subraya que el mundo exterior, con todas sus circunstancias, es un reflejo directo del estado interior de la persona. En su filosofía, el universo físico no posee una realidad independiente, sino que está moldeado y definido por el nivel y la calidad de la conciencia del individuo.

Goddard vuelve con frecuencia a la idea de que la realidad es maleable y está sujeta a cambios, siempre que uno altere su estado mental interno. Explica que cambiando sus pensamientos, creencias y autoconcepto, las personas pueden transformar sus circunstancias externas. En este contexto, el mundo material funciona como un espejo que refleja las actitudes, suposiciones y emociones dominantes en la conciencia de una persona.

Este tema es la piedra angular de las enseñanzas de Goddard, ya que sugiere que el control sobre el mundo interior -a través de la conciencia, la intención y la imaginación- garantiza el control sobre el mundo exterior. En otras palabras, los individuos no son víctimas de las condiciones externas, sino creadores de su propia realidad, y la clave de esta creación reside en su estado de conciencia. La obra de Goddard anima a los individuos a elevar conscientemente su estado mental, reconociendo que tales cambios internos conducirán inevitablemente a los correspondientes cambios en sus experiencias vitales.

-

EL PODER DE LA ASUNCIÓN

Según El poder de la consciencia, de Neville Goddard, el "poder de la suposición" es un concepto fundamental que constituye la base de toda su filosofía. Goddard postula que al asumir la sensación de que un deseo ya se ha cumplido, un individuo puede llevar ese deseo a la realidad tangible y física. Este proceso de asunción no es un mero ejercicio mental, sino una práctica esencial para manifestar los cambios deseados en la propia vida.

Goddard afirma que el mundo exterior, que la gente percibe como fijo e inmutable, es en realidad fluido y responde a las suposiciones internas del individuo. En su opinión, la realidad exterior se alinea constantemente con las creencias y suposiciones internas de la persona. Así, para manifestar algo en el mundo físico, primero hay que "asumir" que el estado deseado ya es cierto en la conciencia interior. Este acto de suposición implica sentir profundamente y creer que lo que uno desea ya ha sucedido, incluso si la evidencia externa sugiere lo contrario.

Según Goddard, el poder de la suposición se basa en el principio de que la mente crea la realidad. Subraya que el mundo exterior refleja lo que se asume sistemáticamente en el interior. Por lo tanto, el acto de asumir resulta crucial para la transformación: al mantener la convicción de que el propio deseo ya se ha cumplido, el individuo dirige las fuerzas de la realidad para que se ajusten a esa creencia. De este modo, Goddard enseña que el cambio no se produce a partir del esfuerzo en el mundo exterior, sino a través de un cambio en la conciencia interior, lo que convierte el poder de la asunción en un mecanismo clave para hacer realidad cualquier resultado deseado.

-

DESEO Y REALIZACIÓN

En El poder de la conciencia, Neville Goddard presenta una visión profunda de la naturaleza del deseo y de su papel en la configuración de la propia realidad.Sostiene que los deseos no son arbitrarios ni accidentales, sino que sirven como indicadores de lo que un individuo es realmente capaz de lograr. Para Goddard, los deseos de una persona están inspirados divinamente, lo que indica su potencial para llevar esas aspiraciones a la existencia física.Considera el deseo como el punto de partida de toda la creación, que revela al individuo lo que está destinado a manifestar en su vida.

Goddard enseña que la realización comienza cuando una persona abraza mental y emocionalmente el estado que desea alcanzar.En lugar de limitarse a desear algo, insiste en la necesidad de asumir que el estado deseado ya es una realidad. Esto implica sentir profundamente y creer en el cumplimiento del deseo, vivir como si el deseo ya se hubiera hecho realidad.Goddard cree que persistiendo en este estado mental -afirmando y abrazando continuamente la experiencia emocional del deseo cumplido- el mundo exterior acabará por ajustarse a esta realidad interior.

Esta idea de persistencia es fundamental en la filosofía de Goddard.Afirma que, independientemente de las circunstancias externas del momento, si un individuo se mantiene firme en su asunción del estado deseado, éste debe materializarse en el mundo físico.

Para Goddard, existe una conexión directa e inevitable entre la suposición interior sostenida de una persona y la manifestación final de esa suposición en su realidad exterior. Por lo tanto, el deseo es tanto la semilla de la posibilidad como la fuerza motriz que, cuando se alimenta a través de la fe y la persistencia, conduce a la realización en la propia vida.

-

FE Y PERSISTENCIA

En El poder de la conciencia, Neville Goddard subraya el papel vital de la fe y la persistencia en la realización de los deseos. Enseña que la fe es la convicción inquebrantable de que lo que uno desea ya es una realidad, aunque el mundo exterior todavía no lo refleje. Esta fe no se basa en pruebas externas o en las circunstancias actuales, sino en un conocimiento interior y en la confianza en el poder de la conciencia para dar forma a la realidad. Goddard sugiere que la fe es esencial porque permite a las personas permanecer conectadas con el resultado deseado, independientemente de lo que presenten los sentidos.

La persistencia, según Goddard, es igualmente crucial para mantener la suposición de que el deseo ya se ha cumplido. Explica que el mundo exterior a menudo contradice la creencia interior, presentando obstáculos o situaciones que parecen negar la realización del deseo. Sin embargo, Goddard enseña que estas experiencias sensoriales no son más que reflejos de suposiciones pasadas, y no tienen poder real para alterar el futuro a menos que el individuo las acepte como permanentes. Por lo tanto, la persistencia en aferrarse a la suposición del deseo cumplido -a pesar de cualquier evidencia contradictoria- es clave para traer el estado deseado a la existencia física.

Goddard subraya que la fe y la persistencia trabajan juntas como base para manifestar los deseos. La fe proporciona la convicción interior, mientras que la persistencia garantiza que el individuo no vacile ni se desanime cuando se enfrente a retos o retrasos. Afirma que si se mantiene firmemente la suposición interior del deseo cumplido y se cree continuamente en la realidad invisible, en última instancia se pueden superar todas las apariencias externas. De este modo, la fe y la persistencia son las fuerzas que tienden puentes entre el mundo interior del deseo y el mundo exterior de la manifestación.

-

ATENCIÓN E IMAGINACIÓN

En El poder de la conciencia, Neville Goddard destaca el poder transformador de la atención y la imaginación, afirmando que aquello en lo que una persona se concentra constantemente se expande y se manifiesta en su vida. Goddard explica que la atención, cuando se dirige correctamente, puede dar forma a la propia realidad, ya que la mente tiene la capacidad inherente de dar existencia a aquello en lo que se detiene. Subraya que, en lugar de centrarse en las circunstancias actuales -especialmente si son indeseables-, las personas deben centrar su atención en el estado deseado que desean alcanzar. De este modo, alinean eficazmente su mundo interior con sus objetivos y preparan el terreno para que su realidad exterior cambie en consecuencia.

Goddard subraya que la imaginación desempeña un papel crucial en este proceso. Cree que la imaginación es la fuerza creativa a través de la cual los individuos pueden ensayar mentalmente y experimentar el cumplimiento de sus deseos antes de que aparezcan en forma física. Al imaginar vívidamente el resultado deseado y mantener la atención en esta realidad imaginada, el individuo pone en marcha un poderoso proceso que conduce a la realización de su deseo. En opinión de Goddard, la imaginación no es sólo una herramienta para soñar despierto, sino una práctica activa e intencionada de visualización y compromiso emocional con el estado deseado.

Para ayudar a las personas a aprovechar este poder, Goddard enseña varios ejercicios diseñados para entrenar la mente a controlar y dirigir la atención. Estas prácticas implican centrar los pensamientos y emociones en la sensación del deseo cumplido, y hacerlo con tal claridad y persistencia que el estado imaginado empiece a parecer real. Sugiere ejercicios como reproducir los acontecimientos del día a la inversa antes de dormir o visualizar deliberadamente el resultado deseado con intensidad emocional. Estas técnicas ayudan a cultivar una mente disciplinada que puede anular las distracciones y las impresiones sensoriales, lo que permite al individuo mantener una concentración constante en el resultado deseado.

Mediante este entrenamiento de la atención y la imaginación, Goddard afirma que las personas adquieren el poder de transformar sus vidas. Al desviar constantemente su atención de las limitaciones actuales y dirigirla hacia el futuro deseado, pueden remodelar sus circunstancias externas para que reflejen sus suposiciones y deseos internos. Este enfoque subraya el tema central de las enseñanzas de Goddard: que la realidad es maleable y puede crearse conscientemente mediante el uso concentrado de la imaginación y la atención.

ACEPTACIÓN Y MANIFESTACIÓN SIN ESFUERZO

En El poder de la consciencia, Neville Goddard defiende el concepto de manifestación sin esfuerzo, haciendo hincapié en que el proceso de creación de la realidad deseada no debe implicar lucha ni fuerza. En lugar de luchar contra las circunstancias externas o intentar manipular directamente el mundo material, Goddard anima a las personas a alinear su conciencia con sus deseos y confiar en el flujo natural del proceso creativo. Esta alineación se consigue a través de un profundo sentido de la aceptación: aceptar que el resultado deseado ya es realidad en el mundo interior de la imaginación.

Goddard enseña que la manifestación se produce sin esfuerzo cuando uno cree plenamente en el poder de la asunción y en la fuerza creativa de su propia conciencia. Sugiere que una vez que una persona asume la sensación de que su deseo se ha cumplido y mantiene esa creencia, ya no necesita presionar o esforzarse para que suceda. La clave está en "dejar ir" la necesidad de controlar los detalles de cómo o cuándo se producirá el resultado deseado. Este "dejar ir" no significa pasividad, sino más bien una expectativa confiada de que lo que se ha asumido se manifestará inevitablemente a su propio tiempo y manera, sin resistencia.

El principio de la ausencia de esfuerzo, tal y como lo describe Goddard, se basa en el entendimiento de que la creación está acabada, lo que significa que todo lo que uno pueda desear ya existe en forma potencial. El papel del individuo no es crear algo nuevo, sino traer a la conciencia lo que ya está presente en las infinitas posibilidades de la conciencia. Al alinearse con este entendimiento, los individuos permiten que el resultado deseado se manifieste de forma natural, sin necesidad de luchar. Goddard insiste en que el esfuerzo, cuando se aplica en el mundo exterior, a menudo proviene de la duda o la incredulidad en el poder de la conciencia. Por el contrario, la fe y la aceptación verdaderas hacen que el proceso sea fluido y armonioso.

Goddard también explica que el principio de mínima acción rige este proceso. Al igual que en el mundo físico, donde la energía y el tiempo se reducen al mínimo para ser eficientes, lo mismo se aplica a la manifestación: se requiere la menor cantidad de energía mental y esfuerzo cuando se opera desde un estado de creencia y conocimiento interior. Simplemente asumiendo la sensación del deseo cumplido y confiando en el resultado, las personas pueden eludir la necesidad de un esfuerzo excesivo y dejar que el estado deseado se haga realidad sin esfuerzo.

A través de este enfoque, Goddard enseña que la vida se convierte menos en una lucha contra los obstáculos y más en una cooperación con el proceso creativo natural de la mente. Cuando uno alinea su consciencia con sus deseos y mantiene un sentido de fe y aceptación, el proceso de manifestación se desarrolla de forma natural y sin esfuerzo, permitiendo la realización sin problemas de los propios objetivos.

CONCLUSIÓN

El poder de la conciencia, de Neville Goddard, enseña que nuestra conciencia da forma a nuestra realidad y que, si dominamos nuestros pensamientos y suposiciones interiores, podemos manifestar nuestros deseos. Las ideas centrales giran en torno al poder de asumir que lo que deseamos ya se ha conseguido, centrar nuestra imaginación en esta creencia y persistir hasta que el resultado deseado se materialice.

Goddard hace hincapié en los siguientes principios clave:

1. La conciencia como realidad: Nuestros pensamientos, creencias y suposiciones crean el mundo que experimentamos.

2. El poder de la asunción: Al asumir la sensación de haber alcanzado ya nuestros objetivos, alineamos nuestro estado interior con nuestra realidad deseada, lo que conduce a su manifestación.

3. La imaginación como herramienta creativa: La imaginación, cuando se centra vívidamente en nuestros deseos, es la herramienta mediante la cual podemos transformar nuestras circunstancias externas.

4. Persistencia: La concentración continua en el estado deseado, incluso frente a condiciones externas contradictorias, es esencial para el éxito.

PLAN DE ACCIÓN PARA LA APLICACIÓN DIARIA

1. Establezca intenciones claras:
   - Define exactamente lo que quieres conseguir, ya sea relacionado con la salud, la riqueza, las relaciones o el crecimiento personal.

2. Asuma la sensación de plenitud:
   - Cada día, tómese tiempo para imaginarse vívidamente que ya tiene o es lo que desea. Sienta las emociones y la experiencia como si ya fuera su realidad. Este paso es crucial, ya que Goddard cree que nuestro subconsciente acepta como verdaderos los sentimientos que generamos en nuestra imaginación.

3. Practique la visualización antes de dormir:
   - Goddard sugiere que los momentos antes de dormirse son poderosos para la manifestación. Cada noche, visualice su realidad deseada con intensa concentración, imaginando todos los detalles de ese mundo. Duérmete con la creencia de que tu deseo se ha cumplido.

4. Mantenga la persistencia:
   - Persista en su suposición, independientemente de las circunstancias externas. Aunque no haya resultados inmediatos, siga viviendo con la sensación de que su objetivo ya ha sido alcanzado.

5. Utilice la Atención Plena y el Enfoque Positivo:
   - A lo largo del día, mantén tu atención en pensamientos positivos y evita centrarte en dudas o condiciones negativas. El mindfulness puede ayudar a mantener un estado de conciencia y control sobre los pensamientos.

6. Haga un seguimiento de los progresos:
   - Reflexione regularmente sobre cómo su estado interior y sus suposiciones influyen en su vida diaria. Escribir un diario o reflexionar sobre tus cambios emocionales y mentales puede reforzar los principios y mantenerte motivado.

GLOSARIO DE CONCEPTOS CLAVE

1. La conciencia:

- La conciencia de ser y existir. Según Goddard, la conciencia es el fundamento de toda realidad, y todo lo que experimentamos es un reflejo de nuestro estado mental interior.

2. YO SOY:

- Una afirmación del ser que representa la esencia de un individuo. Goddard enseña que "YO SOY" es el núcleo de nuestra existencia, y al afirmar "YO SOY" de diferentes maneras (por ejemplo, "estoy sano"), damos forma a nuestra realidad.

3. Poder de asunción:

- La capacidad de provocar cambios en la propia vida asumiendo que ya se ha alcanzado un estado o resultado deseado. Goddard cree que asumir mentalmente que algo es cierto acabará por manifestarlo en el mundo físico.

4. La imaginación:

- El poder creativo de la mente. Goddard sostiene que la imaginación no es sólo una herramienta para la creatividad, sino la fuerza que da forma a nuestras experiencias. Al imaginar vívidamente los resultados deseados, podemos hacerlos realidad.

5. Sentimiento del deseo cumplido:

- La práctica de imaginar y sentir que el deseo ya se ha cumplido. Goddard enfatiza la importancia de vivir en el estado emocional como si tu objetivo ya se hubiera cumplido.

6. Persistencia:

- El enfoque consistente y repetido en el resultado deseado, incluso frente a evidencias contradictorias en el mundo externo. La persistencia garantiza que tu imaginación y tus suposiciones conduzcan finalmente a la manifestación en el mundo real.

7. Atención:

- El acto de enfocar la mente en una idea, sentimiento u objetivo específico. Goddard enseña que centrar la atención en lo que quieres te permite moldear tu conciencia y, por extensión, tu realidad.

8. Fe:

- La creencia en lo invisible, o la convicción de que tus deseos se manifestarán. Goddard considera que la fe es esencial para el proceso de suposición y manifestación, ya que requiere confianza en el poder creativo de la conciencia.

9. Ley de la Suposición:

- El principio de que lo que asumes como cierto en tu imaginación acabará manifestándose en la realidad. Es un concepto central en las enseñanzas de Goddard, similar al concepto moderno de la ley de la atracción.

10. Libre albedrío:

- Según Goddard, el libre albedrío es la capacidad de elegir en qué te centrarás o qué supondrás que es verdad. Sin embargo, una vez hecha la elección, la ley de la suposición toma el control y los acontecimientos externos siguen el estado interior.

LECTURAS RECOMENDADAS

1. "La ley y la promesa" de Neville Goddard
- Otro trabajo clave de Goddard, este libro proporciona más ejemplos de la vida real de cómo la imaginación y la suposición crean la realidad, basándose en los principios descritos en El poder de la conciencia.

2. "El secreto" de Rhonda Byrne
- Este popular libro explora la Ley de Atracción, un concepto estrechamente relacionado con la Ley de Asunción de Goddard. Destaca el poder del pensamiento positivo y la visualización para manifestar deseos.

3. "Piense y hágase rico" de Napoleon Hill
- Un clásico en el género de autoayuda y desarrollo personal, este libro se centra en la importancia de los pensamientos, la creencia y la persistencia para lograr el éxito, en resonancia con las enseñanzas de Goddard sobre el poder de la suposición.

4. "Como un hombre piensa" de James Allen
- Este libro breve pero poderoso profundiza en la idea de que nuestros pensamientos dan forma a nuestra realidad, un concepto que se alinea bien con la visión de Goddard de la conciencia como la base de la vida.

5. "El poder del pensamiento positivo" de Norman Vincent Peale
- Este libro enfatiza el papel del pensamiento positivo para alcanzar la felicidad y el éxito, en estrecho paralelismo con el enfoque de Goddard sobre el control de las propias suposiciones e imágenes mentales.

6. "La ciencia de hacerse rico" de Wallace D. Wattles
- Otro libro fundamental en el movimiento del Nuevo Pensamiento, describe cómo los pensamientos y creencias influyen en la capacidad de crear riqueza y prosperidad, vinculándose con las ideas de Goddard sobre el poder de la imaginación y la suposición.

7. "El poder del ahora" de Eckhart Tolle
- Centrándose en la atención plena y el estar presente, este libro se conecta con el énfasis de Goddard en el momento presente como el momento para asumir y sentir el cumplimiento de los propios deseos.

8. "Visualización creativa" de Shakti Gawain
- Este libro proporciona ejercicios prácticos para utilizar técnicas de visualización para manifestar objetivos, muy similar al enfoque de Goddard en el uso de la imaginación para crear la realidad.

9. "Romper el hábito de ser uno mismo" por el Dr. Joe Dispenza
- Este libro explora cómo la neurociencia respalda el poder del pensamiento y la creencia para transformar la propia vida, estableciendo una conexión científica moderna con las ideas filosóficas de Goddard sobre la conciencia y la imaginación.

CRONOLOGÍA DE LA VIDA DE NEVILLE GODDARD

1905:
- Neville Lancelot Goddard nació el 19 de febrero en St. Michael, Barbados, en el seno de una familia británica. Es el cuarto hijo de una familia de nueve varones y una niña.

1922:
- A los 17 años, Neville se muda a la ciudad de Nueva York para estudiar teatro. Trabaja como actor y bailarín en el escenario y en películas mudas, actuando en Broadway, en películas mudas y haciendo giras por Europa con una compañía de danza.

1923:
- Neville se casa brevemente con Mildred Mary Hughes. Tienen un hijo, Joseph Goddard, nacido en 1924.

1929:
- Neville marca este año como el inicio de su viaje místico. Recuerda una experiencia espiritual: "Fui llevado en espíritu al Consejo Divino donde los dioses conversan".

1931:
- Después de años de estudiar lo oculto, Neville conoce a su maestro Abdullah, un hombre negro con turbante y de ascendencia judía. Trabajan juntos durante cinco años en la ciudad de Nueva York.

1938:
- Neville comienza su propia carrera como docente y conferenciante, compartiendo sus conocimientos místicos.

1939:
- Neville publica su primer libro, A Tus Órdenes.

1940-1941:
- Neville conoce a su segunda esposa, Catherine Willa Van Schumus .

1941:
- Neville publica su segundo libro, Tu Fe es tu Fortuna.

1942:
- Neville se casa con Catherine y tienen una hija, Victoria, más tarde ese mismo año. También publica Libertad Para Todos: una aplicación práctica de la Biblia.

1942-1943:
- De noviembre a marzo, Neville sirve en el ejército y luego regresa a Greenwich Village, Nueva York. En 1943, aparece un perfil suyo en The New Yorker.

1944:
- Neville publica Sentir es el Secreto.

1945:
- Neville publica Plegaria: El Arte De Creer.

1946:

- Neville conoce al filósofo Israel Regardie , quien lo perfila en El romance de la metafísica. También publica un panfleto, La Búsqueda.

1948:

- Neville imparte sus famosas conferencias "Cinco Lecciones" en Los Ángeles, que luego se publican póstumamente como libro.

1949:

- Neville publica Fuera de este Mundo: Pensar en cuarta dimensión.

1952:

- Neville publica El Poder de la Conciencia.

1954:

- Neville publica Imaginación Despierta.

1955:

- Neville comienza a presentar programas de radio y televisión en Los Ángeles.

1956:

- Neville publica Semilla y cosecha: Una visión mística de las Escrituras.

1959:

- Neville experimenta un profundo evento místico, describiéndolo como un renacimiento de su propio cráneo, seguido de otras experiencias místicas.

1960:

- Neville lanza un álbum de palabra hablada.

1961:

- Neville publica La Ley y La Promesa. El capítulo final, "La Promesa", detalla la experiencia mística de 1959 y las experiencias posteriores.

1964:

- Neville publica el panfleto Rompe la Cáscara: Una Lección En Las Escrituras.

1966:

- Neville publica su último libro completo, Resurrección, que describe su visión mística y el potencial de la humanidad para realizar su naturaleza divina.

1972:

- Neville muere el 1 de octubre a los 67 años en West Hollywood, al parecer de un ataque cardíaco. Está enterrado en la parcela familiar en St. Michael, Barbados.

ACERCA DE LOS AUTORES

Neville Goddard

Fue un pensador místico profundo e influyente del siglo XX. Sus enseñanzas se centraban en el concepto radical y empoderador de que la imaginación humana es la verdadera manifestación de Dios. Creía que todo en la vida de una persona, ya sea positivo o negativo, es resultado de sus pensamientos, sentimientos y estados imaginativos.

La infancia de Neville estuvo marcada por su crianza en Barbados, donde nació en 1905 en una familia anglicana. A los 17 años, se mudó a la ciudad de Nueva York en 1922 para dedicarse al teatro. Aunque alcanzó el éxito como actor y bailarín, actuando en Broadway y en películas mudas, su vida dio un giro radical a principios de la década de 1930. Dejó atrás su carrera de actor para sumergirse en el estudio de la metafísica.

Bajo la influencia de su mentor, Abdullah, una misteriosa figura de ascendencia africana y judía, Neville comenzó a explorar principios espirituales profundos que combinaban el cristianismo con el misticismo. Se embarcó en una carrera como escritor y conferenciante, utilizando su carisma e intelecto para dar charlas impactantes en iglesias metafísicas, centros espirituales y lugares públicos. Sus enseñanzas se centraban especialmente en el poder del pensamiento y la imaginación como la fuerza creativa suprema.

A pesar de no alcanzar una fama generalizada durante su vida, la influencia de Neville ha crecido significativamente desde su muerte en 1972. Sus obras, en particular sus libros como Sentir Es El Secreto, El Poder De La Conciencia y La Ley y La Promesa, ahora se consideran precursores de las ideas modernas sobre la mecánica cuántica y el poder de la conciencia para dar forma a la realidad.

Las ideas de Neville también han inspirado a pensadores y autores espirituales contemporáneos, entre ellos Carlos Castaneda y Joseph Murphy, quienes desarrollaron temas similares en sus propias obras. Hoy en día, sus enseñanzas son ampliamente consideradas como atemporales y siguen atrayendo a un público cada vez mayor que busca aprovechar el potencial creativo de la mente.

Imaginatio Divina Editorial

Creemos que el poder de la creación reside en cada uno de nosotros. Inspirados por las profundas enseñanzas de Neville Goddard, promovemos la transformación de la vida a través del poder de la imaginación y la conciencia. Nuestra editorial se dedica a publicar obras que revelan la capacidad innata de los individuos para dar forma a su realidad a través del pensamiento consciente y la fe interior. Cada libro, cada palabra, tiene como objetivo guiar a los lectores hacia el descubrimiento de su naturaleza divina y su poder creativo, en línea con la filosofía de que "la imaginación es Dios en acción".